Die Lehren der Engel

Ruth Bleakley-Thießen

Die Lehren der Engel

ch. falk-verlag

Aus dem Englischen von
Anna-C. Rassmann

Bilder der Engel: Ruth Bleakley-Thießen
Umschlaggestaltung: Ch. Falk. u. Josef Nysten-Riess
nach einem Bild der Autorin

Farblithos: Graphics Production, München
Satz: UHG mbH, München

ISBN 3-89568-076-1
Printed in Hungary

Inhaltsverzeichnis

Vorwort

Dieses Buch ist eine Botschaft der Engel an die ganze Menschheit. Es enthält 29 Durchsagen, die ich auf vielen Astralreisen in den Himmel in Form von Energie, Licht, Klängen und Botschaften von verschiedenen Engeln empfangen habe. All dies geschah im Laufe eines spirituellen Prozesses, den ich durchlaufen habe.

Ich betrachte es jetzt als meine Aufgabe, diese Botschaft der ganzen Welt weiterzugeben. Es ist eine wichtige Botschaft und sie sollte ernstgenommen werden. Möge jeder, der dieses Buch liest, Licht und Liebe vom Himmel empfangen!

Erste Botschaft

Diese erste Botschaft möchte allen Menschen sagen, daß das offene Herz der Welt sich immer noch weiter öffnen muß, damit all die Energie Gottes, des Himmels oder des Universums – wie auch immer ihr es nennen wollt – einströmen kann, so daß ihr erkennen könnt, welch offensichtlicher Wahnsinn hier auf der Erde geschieht. Es ist Zeit, daß die ganze Bevölkerung der Erde wieder zu Sinnen kommt und sich entschließt, diesen Planeten zu retten. Jetzt ist die Zeit gekommen, wo die Energie Jesu Christi, des Sohnes Gottes, auf der Erde zutage tritt. Dies ist ein ganz wunderbares Geschehen, denn Jesus übermittelt seine Lehren vielen wundervollen Menschen auf der Erde, die selbst auch zu Lehrern werden. Das hilft anderen, zu verstehen, was es mit Liebe und Verständnis auf sich hat. Es hilft ihnen, freundlich zur Erde zu sein. Wenn ihr das Stadium erreicht habt, wo mehr als die Hälfte der Erdenbevölkerung sich in einem erhöhten Bewußtseinszustand befindet, das heißt, wo die Menschen sich selbst, die anderen und die Erde in höchstem Maße lieben und achten, dann ist der Planet Erde gerettet.Die Engel sind beauftragt, der Erdenbevölkerung dabei zu helfen, diesen Zustand des Friedens und der Harmonie zu erreichen. Er *soll* kommen.

Was ihr tun könnt, um die Erde zu retten, ist… die Menschen zu retten – dann wird auch die Erde gerettet werden. Die Menschen werden dadurch gerettet, daß sie ihre Lebensweise ändern und „hell“ werden und nach den Regeln Gottes leben; die Engel helfen ihnen dabei. Die Engel sind die Helfer Gottes, und sie sind auch diejenigen, die die Erdenmenschen leiten. Die Engel sind dazu da, zu führen und zu helfen und die Erde lebenswert zu machen. Engel sind so wie auch die Menschen sein sollen –

voller Liebe, sorglos, voller Lachen und Licht, so daß sie in den Himmel fliegen und Gott sehen können. Gott gibt ihnen ihre Pflichten, und Gott gibt ihnen auch ihre Ehren. Sie können allen Menschen und auch manchen Tieren helfen, vielen Pflanzen und einigen Fischen und Insekten und ebenso den verlorengegangenen Seelen, die nach dem Licht suchen. Gott möchte, daß die Engel ihm bei seiner Arbeit helfen!

Was die Menschen tun können, um wie Engel zu werden, ist voller Liebe zu sein – versuche, das als einen Anfang dafür zu sehen, ein guter Mensch zu werden!

Wenn du ein Licht siehst, dann fühlst du dich viel besser als im Dunkeln. Wenn du ein Kerzenlicht siehst, hast du nicht soviel Angst. Wenn du die Hand eines Freundes spürst, fühlst du dich nicht ganz so einsam, und wenn du nicht so einsam bist, bist du auch nicht so traurig. Dein Herz wird leichter und heller. Wenn dein Herz leichter und heller ist, bist du selbst ein Licht unter jenen, die noch im Dunkeln sind. Was möchtest du lieber – ein Licht in der Dunkelheit sein oder noch im Dunkeln sitzen?

Gott möchte dich voller Liebe, so voller Liebe, wie du nur irgend sein kannst. Wenn du deinem Nachbarn das nächste Mal begegnest, sei freundlich zu ihm. Ein Lächeln, ein Händedruck oder auch nur ein Gruß wirken manchmal Wunder bei denen von uns, die sich nicht so ganz voller Liebe fühlen. Wenn du dich voller Liebe fühlst, dann zeigst du es, und es tut deinem Nachbarn gut. Und wenn es ihm guttut, fällt es auch ihm oder ihr viel leichter, anderen dieses Gefühl zu geben. Versuche es!

Du kannst die anderen auch in die Arme nehmen oder ihnen einen Kuß auf die Wange geben, auch das ist eine schöne Art, jemandem Liebe zu schenken. Liebe zu schenken bedeutet nicht immer, daß du sagen mußt,daß du jemanden liebst. Du kannst es auch auf diese Weise zeigen – durch eine Umarmung oder einen Kuss, indem du jemandem über die Wange oder den Rücken streichelst, ihm etwas Liebevolles sagst oder ihn liebevoll grüßt.

Gott möchte, daß wir so anfangen, einfach ein bißchen freundlicher als gewöhnlich, ein bißchen liebevoller. Dann kommt ein bißchen mehr Liebe in deine ganze Umgebung, und mehr Liebe bringt mehr Lachen, mehr Lachen bringt mehr Freude und mehr Gutes und weniger Krankheit, weniger Aggression, weniger Zerstörung und weniger Leid.

Tieren gegenüber fühlt ihr euch gern größer oder klüger. Wir sind jedoch alle auf derselben Ebene des Seins mit den Tieren. Wir sind Seelen genau wie diese Tiere es sind. Die Tiere haben andere Körper, und diese Körper haben Instinkte, nicht so sehr Intuition und nicht soviel gottähnlichen, menschenähnlichen Intellekt, aber sie sind alle genauso Seelen wie wir. Wir waren vielleicht auch einmal ein Tier, und wir sollen die Tiere mit Achtung behandeln. Denk bloß, wenn du in deinem nächsten Leben ein Tier wärst! Dann würdest du doch auch gerne mit Achtung behandelt werden, nicht wahr? Versuche, die Tiere zu lieben wie dich selbst, dann werden auch die Tiere gottesfürchtig und glücklich in ihrem Leben. Es wäre gut, wenn ihr aufhören würdet, sie wegen ihrer Felle und Zähne oder was auch immer zu jagen, und wenn ihr anfingt, sie als „Geschöpfe“ zu sehen, die mit Achtung behandelt werden müssen. Tut den Tieren nichts, was ihr auch einem Menschen nicht tun würdet! Seid freundlich zu den Tieren.

Auch Pflanzen sind lebendig und sollen als Lebewesen geachtet werden. Bäume können uns viel Energie geben, wenn wir zu ihnen gehen und uns an sie anlehnen. Wälder und Gärten können Orte sein, wo wir unsere Energiereserven auffüllen können, und wenn wir uns voll kosmischer Energie fühlen, sind wir erfüllt von der Liebe Gottes. Das ist ein guter Anfang für die Heilung der Welt.

Wenn du das nächste Mal in einen Garten gehst, einen größeren Garten, dann versuche, Energie von den Bäumen und Pflanzen in dich aufzunehmen. Das ist so gut wie eine Dusche und reinigt deinen Geist.

Wenn du dich der Natur näher fühlen willst, geh auf's Land hinaus und fühle den Wind im Gesicht,die Sonne – oder den Regen oder Schnee - auf deiner Haut oder die Energie all der Pflanzen und Tiere, die da draußen auf dem Lande sind. Sie werden dir helfen, mit den Belastungen des Lebens fertigzuwerden, das viele von uns heutzutage führen. Es ist wichtig, daß wir den Kontakt zu den natürlichen Elementen nicht verlieren, denn sie sind sehr wichtig für uns. Wir sind auch Teil der Natur! Wir sind eine Art gottähnlichen Geschöpfes in der Natur, ein Menschenwesen, das mehr Zeit damit verbringen soll, eins mit den Elementen zu sein. Die Erde besteht zu 80% aus Wasser und der Mensch ebenfalls. 80% von uns sind Wasser, so wie 80% der Substanz der Atmosphäre um uns herum aus Wasser besteht. Die Erde ist auch zu 80% zerstört.Es ist also Zeit, zusammen mit der Natur heil und ganz zu sein. Der Mensch ist nie dafür gemacht worden, im Arbeitsstreß zu sein, noch dazu, die ganze Zeit drinnen zu sein. Geh hinaus, sei allein in der Natur, nimm dir Zeit, die Bäume, die Tiere und den Himmel anzuschauen, die Welt um uns her ist wunderschön! Nimm dir Zeit, zu *sehen*, was du siehst! Schaue und staune über all die Wunder der Natur, sieh, wie Gott alles gemacht hat. Es ist großartig und wunderbar! Schau und staune!

So bist du einen Schritt näher bei Gott, und ein Schritt näher bei Gott bedeutet der Rettung der Erde einen Schritt näher!

Sei ein Beobachter! Sieh, wie sich mit den Jahreszeiten alles verändert. Sieh, wie die Bäume Knospen ansetzen, sieh, wie die Vögel ihre Nester bauen. Sieh, wie die Tiere ihre Jungen bekommen. Alles wächst. Auch wir wachsen – spirituell und körperlich. Dann können wir in große Höhen wachsen. Wir können wachsen, bis wir eins sind mit dem Universum, eins mit der Natur. Alles, was wächst, gewinnt gewissermaßen an Kraft und Energie – die Liebe wächst, wenn du eins wirst mit der Natur. Spüre, wie sich die Erde in deinen Fingern anfühlt. Wenn dein Körper von deinem Geist verlassen wird, wird er auch zu Erde. Dein Geist, der den Körper verläßt, wird niemals sterben. Er wird immer weiterleben, sich in einem anderen Körper inkarnieren, der wieder zu Erde wird und so weiter und so fort. Es hört niemals auf. So ist die Natur und so hat Gott uns gemacht.

Gott hat uns alle nach seinem Bilde geschaffen. Gott ist weder Mann noch Frau, er ist beides. Gott ist sowohl Vater als auch Mutter und hat alles erschaffen, auch uns. Wir haben die Gnade erhalten, nach seinem Bilde gemacht zu sein, um gottähnlich zu werden, um gut zu unseren Mitgeschöpfen zu sein. Gott liebt uns, und wir sollen alle anderen lieben. Diese Liebe hat nichts mit Sehnsucht oder Sex oder Erotik zu tun. Es ist eine reine Liebe, die niemals lügt, die alles in sich einschließt. Sie bedeutet, daß wir alles und jeden lieben können. Sie bedeutet, daß wir eins mit uns selbst sein können – ohne Angst, ohne Krankheit, ohne Kummer und daß wir niemals an irgend etwas Mangel zu leiden brauchen. Er wird immer für uns sorgen, solange wir an ihn und an uns selbst glauben. Wir brauchen nur zu vertrauen und es wird so sein!

Wenn es uns nicht gelingt, dies zu erfüllen, dann deshalb, weil wir nicht eins mit uns selbst und mit Gott sind. Wir werden krank. Wir werden zu Feinden. Wir werden aggressiv und zerstören. Wir sind leider mehr oder weniger das Volk Gottes, das ihm immer weniger nahesteht, deshalb haben die Engel die Botschaft von Gott bekommen, die Welt zu retten und damit die Menschen zu retten. Mehr und mehr Menschen sehen Engel, vertrauen Engeln, haben Erlebnisse mit Engeln, und so können wir sehen, daß die Zeit gekommen ist, wo wir anfangen können, die Welt zu retten.

Wir können sehr viel tun, wenn wir einfach offen für die Engel sind. Sie sind immer für uns da. Jeder von uns hat einen Schutzengel. Sie sind bei den Kindern, den Kranken, den Armen, bei denen, die glauben, bei denen, die einen Schutzengel haben möchten und darum bitten, bei den Sterbenden als eine Art Begleitung und auch bei denen, die eine große Aufgabe in dieser Welt haben. Je größer die Aufgabe, umso mehr Engel sind mit uns. Je mehr Engel, umso mehr Energie ist da! Je mehr Energie da ist, desto größer ist die Liebe, und je größer die Liebe, desto mehr wird sie in Bewegung bringen!

Deshalb möchte Gott gern, daß wir uns den Engeln mehr öffnen. Laß sie in dein Leben, sie werden dir helfen, wie immer du es möchtest. Du brauchst nur darum zu bitten!

Gott würde sagen, daß du schön bist, wenn du auf ihn hören würdest. Gott findet uns alle schön, da wir alle nach seinem Bilde gemacht sind, selbst die, die sich vielleicht nicht so schön oder gar nicht schön finden. Versuchen wir doch, die Tatsache zu akzeptieren, daß wir *alle* ganz verschieden sind, aber *alle* sind wir nach Gottes Bild gemacht und *alle* sind wir seine Söhne und Töchter, ganz gleich, wie wir aussehen oder wie wir uns fühlen. Viele Menschen würden sagen, daß wir nicht aus etwas Gottähnlichem bestehen, aber das ist *nicht* richtig. Wir sind alle Gottes Kinder und bestehen deshalb alle aus genau den Dingen, aus denen Gott besteht – aus Liebe, Frieden und großer Harmonie -, alle diese Dinge haben wir in uns, tief in unserem Inneren. Sie sind das, was wir sind! Kleine Babies sind gottähnlicher als wir. Wir sind dazu erzogen worden, anders zu sein, und wir haben mit der Zeit gelernt, ein bißchen anders zu sein, aber tief in unserem Innern sind wir noch immer gottähnlich, und es ist nie zu spät zu lernen, daß wir zeigen können, was wir wirklich in unserem tiefsten Innern sind. Dazu ist es *nie* zu spät.

Gott möchte auch, daß wir friedlich sind, er möchte, daß wir nichts und niemandem etwas zuleide tun. Liebe alle, so wie du dich selbst lieben würdest. Behandle alle so, wie du dich selbst behandeln würdest. Das ist die Botschaft für heute! ♡

Zweite Botschaft

Gott sagt, in der zweiten Botschaft geht es um *Frieden*. Frieden auf Erden werden wir dann haben, wenn alle Männer, Frauen und Kinder lernen, ihre Feinde zu lieben. Lieben bedeutet einfach, daß du lernst, jeden Menschen so anzunehmen, wie er ist. Lieben bedeutet, den Kreis deiner Liebe auch auf jene auszuweiten, die nicht zu deiner Familie gehören, die du nicht so gut kennst, auf die, die du nur manchmal siehst, und die, die du überhaupt nicht kennst. Wenn alle Menschen diese Liebe fühlen würden, gäbe es Frieden auf Erden. Frieden auf Erden bedeutet, daß es keinen Krieg, keine Aggressionen, keinen Haß, keinen Terror, keinen Sadismus, keine Einsamkeit und keine Leere in deinem Inneren mehr geben würde. Wenn jeder jeden lieben würde mit der Liebe, die keine Grenzen kennt, dann gäbe es keine Probleme in der Welt. Dies ist die Vision vom Paradies auf Erden, das Gott für alle seine Kinder möchte.

Gott möchte, daß wir alle den Haß hinter uns lassen. Er möchte, daß wir alle unsere Feinde, unsere Nächsten und alle anderen lieben können. Er möchte, daß wir alle unsere negativen Gefühle in positive verwandeln und so eine gute Erde schaffen, auf der wir alle leben können. Wenn wir dies in unserem Herzen wahr machen, dann kann die Erde gerettet werden.

Gott sagt, es ist höchste Zeit, daß wir beginnen, weniger Haß in uns zu haben. Die Erde stirbt sonst, und zwar sehr schnell! Wenn wir begreifen können, daß das die Wahrheit ist, dann können wir vielleicht auch anfangen, weniger egoistisch zu sein und an unsere Kinder und die Kinder unserer Kinder zu denken, die auch eine schöne Welt zum Leben haben möchten. Wenn die Erde stirbt, wer will dann noch hier leben? Wer wird auf so einem schrecklichen Planeten dann noch nett zueinander sein wollen? Wer wird die schönen Dinge sehen wollen, die dann gar nicht mehr da sind? Unsere Kinder und alle die kommenden Generationen werden das wollen. Können wir nicht anfangen, etwas zu verändern?

Wenn Gott heute zu uns sprechen würde – ich meine, wenn Er uns von Angesicht zu Angesicht gegenüberstehen und uns sagen würde, daß wir die Welt retten sollen, was würden wir dann tun? Würden wir dastehen und Ihn einfach ignorieren? Oder einfach so weitermachen wie bisher? Denk einmal darüber nach!

Und jetzt beschließe, was du tun würdest… ja? Beschlossen? Wenn du beschlossen hast, daß es besser wäre, eine schöne Erde für unsere Kinder zu haben, dann lies bitte weiter! Wenn nicht, dann kannst du das Buch in die Ecke werfen oder es jemand anderem geben! Was du jetzt tun kannst, ist Folgendes:

Versuche, freundlich zu dir selbst zu sein. Versuche, nett zu deiner Familie zu sein. Sei freundlich zu deinen Nachbarn. Sei freundlich zu deinen Feinden. Sei freundlich zu den Menschen, die du nicht kennst, und zu den Tieren und Pflanzen. Was wären wir ohne diese Tiere und Pflanzen? Warum erkennen wir nicht, daß wir dabei sind, alles zu zerstören? Was soll aus der Erde werden, wenn es keine Tiere und Pflanzen mehr darauf gibt?

Gott möchte, daß wir gut Freund mit den Tieren und allem und jedem gegenüber ein guter Mensch sind. Du kannst dir heute vornehmen, zu versuchen, mit niemandem zu streiten. Liebe deine Feinde und verzeihe ihnen. Schließe Frieden mit allen, mit denen du im Streit bist. Schließe Frieden mit jedem, der es braucht. So kannst du dazu beitragen, daß die Erde geheilt wird. Die Erde heilt, wenn wir alle mehr lieben.

Gott möchte, daß wir versuchen, alle Wunden in uns zu heilen – psychologisch gesehen. Wir sollen darüber nachdenken, warum wir verbittert, einsam oder traurig sind, warum wir das Gefühl haben, daß uns niemand liebt - dann können wir Abhilfe schaffen, wir können etwas ändern, uns selbst helfen, anderen helfen und - was am wichtigsten ist – helfen, die Erde zu heilen! Du kannst es, indem du die Engel um Beistand bittest. Jeder von uns ist dazu in der Lage. Bitte einfach Gott, er möge dir einen Engel zur Hilfe schicken. Der Engel wird dir geschickt – ehrlich! Der Engel spricht durch Ideen, Bilder oder Gefühle zu dir. Öffne dich dafür, versuche dir vorzustellen, daß du einen Engel an deiner Seite hast. Die meisten von uns können keine Engel sehen, aber viele von uns haben Engel in Form einer Person, eines Lichts oder einer Wolke gesehen oder einer Öffnung des „inneren Auges", die du siehst, wenn du die Augen schließt. Du siehst da vielleicht ein Licht, das hell vor dir leuchtet. Das ist ein Engel. Die Engel helfen dir und tragen so zur Heilung der Erde bei.

Gott sagt, die Engel sind immer mit uns, überall. Es gibt unzählige Engel, Engel für alles, was man sich nur vorstellen kann. Wichtig ist, daß die Engel ihre Arbeit tun, um noch bessere, höhere Engel zu werden, das heißt, sie bekommen einen höheren Rang, wenn sie ihre Arbeit geschafft haben. Wenn sie erfolgreich waren, bekommen sie mehr Energie vom Himmel und können so eine noch schwierigere Aufgabe vollbringen. Auch wir können bessere Arbeit für Gott leisten, wenn wir ein höheres Niveau erreicht haben, wenn wir liebevoller, gebender, fröhlicher und voller Vertrauen sind. Wenn wir das schaffen, dann können wir die Dinge mit ganz anderen Augen sehen. Denk daran, wir alle sind wie Gott!

Wenn wir sehr viel liebevoller, freundlicher, großzügiger und geduldiger sind, können wir anderen helfen, ihren Weg in der Welt zu finden. Menschen brauchen Menschen, denen sie vertrauen können, sie brauchen Zeit für sich selbst, Zeit für andere, aber auch Zeit für ihre spirituelle Entwicklung. Wenn wir also glauben, daß es das ist, was Gott möchte, warum fangen wir nicht einfach heute damit an?

Wir haben nichts zu verlieren, außer vielleicht die Erde. Gott möchte nicht, daß die Erde stirbt. Es wurde im Neuen Testament der Bibel vorausgesagt, daß die Erde zerstört würde, ja, aber wenn wir dies aufhalten können, werden wir alle glücklicher leben und glücklicher sein, erfüllt von besseren Dingen wie Liebe, Freude, Frieden und Vertrauen. Das ist etwas Wunderbares!

Gott möchte, daß wir uns einmal vorstellen, wie es wäre, wenn wir auf eine lange Reise um die Erde gingen. Kannst du die Wälder vor dir sehen, die Regenwälder, die Wüste, die Berge, die Seen, die Meere – Unmengen von Salzwasser, Unmengen grüner Felder, kleine Häuser, große Häuser, kleine und große Städte, massive Landhäuser und kleine Hütten in Afrika. Was wir da sehen, ist das, was wir retten müssen. Was wir da sehen, ist das, was wir im Begriff sind zu zerstören. Warum beginnen wir nicht gleich heute damit, es zu retten? Wir sollen uns ein Tier vorstellen, zum Beispiel einen Elefanten oder einen Tiger, einen Adler oder eine Eidechse – einen Gecko, der bald zu den ausgestorbenen Tieren gehören wird. Stell dir vor, du wirst diese Tier niemals mehr wiedersehen. Stell dir vor, du versuchst, deinen Kindern oder Enkelkindern dieses Tier zu beschreiben – wie es aussah, wo es lebte oder was es fraß, wie eine Herde davon aussah und wie es roch! Kannst du dir vorstellen, wie es ohne dieses Tier auf der Erde aussehen würde? Möchtest du, daß es ausstirbt?

Nun, dann tu bitte etwas dagegen. Rette die Welt, mache sie zu einem besseren Ort - für dich und für mich und für die ganze menschliche Rasse. Nimm dir Zeit, darüber nachzudenken, und fang an zu leben, anstatt nur zu existieren!

Dies ist die heutige Botschaft der Engel.

Dritte Botschaft

Diese Botschaft handelt von *GOTT*. Um Gott haben sich seit Beginn aller Zeiten viele Gespräche, Diskussionen, Schriften, Gedanken und verwunderte Fragen gerankt. Gott ist der Schöpfer aller Dinge. Gott hat die Erde gemacht, den Himmel, das Meer, die Planeten, die Pflanzen und Tiere bis zum mikroskopisch kleinsten Teil und auch den Menschen. Er hat den Menschen nach seinem Bilde gemacht. Er hat die Tiere verschieden gestaltet, alle verschieden, da jedes im Kreislauf der Natur einen andere Aufgabe zu erfüllen hat. Der Kreislauf der Natur funktioniert am besten, wenn keine Lücken entstehen. Wenn eine Lücke auftaucht, weil diese Tierart ausgestorben ist, dann wird die Lücke größer und größer, bis der Kreislauf nicht mehr funktioniert, und dann entsteht ein evolutionäres Problem. Die Tiere brauchen einander, um zu existieren. Sie halten die ganze Natur im Gleichgewicht. Es ist nicht grausam, wenn sie Tiere einer anderen Gattung fressen, wenn sie hungrig sind. Gott hat sie so geschaffen. Gott hat die Menschen so gemacht, daß sie geliebt und liebenswert und friedlich sind. Andere Einflüsse, das heißt, die dunklere Kraft des Bösen hat versucht, die Menschheit zu beeinflussen, so daß sie sich änderte. Es begann mit Adam und Eva und dem Apfel. Gott hatte ihnen gesagt, sie sollten keine Äpfel von dem Baum essen. Doch die Schlange kam und brachte sie so sehr in Versuchung, daß Eva in den Apfel biß und so Gottes Gebot mißachtete. Damals begann es, und seitdem war die Menschheit immer in Versuchung. Selbst Jesus wurde auf der Erde in Versuchung geführt. Er sollte verleitet werden, ein anderer zu sein, als er versuchte, ein reiner Sohn Gottes zu sein. Er widerstand der Versuchung und wurde dann befreit, als er starb und in den Himmel kam, um zur Rechten seines Vaters zu sitzen – zur Rechten

Gottes. Jesus starb für unsere Sünden, um uns zu sagen, dass jeder von uns das Reich Gottes erreichen kann, wenn er seine Sünden bereut. Dann empfangen wir den heiligen Geist in uns und werden ebenfalls zu Söhnen und Töchtern Gottes. So erlangen wir das Reich des Himmels – das Paradies, und mit uns viele andere.

Gott möchte natürlich, dass wir in den Himmel kommen und das ewige Leben haben. Er möchte, daß wir unbeschwert dem Jüngsten Gericht entgegentreten. Wir sollen versuchen, zu bereuen und dann ein gutes Leben zu leben. Wir können versuchen, mit unserem Höheren Selbst in Kontakt zu treten – mit dem Teil von uns, der mit Gott verbunden ist. Dann wissen wir ganz von selbst, was unser wahres Ziel im Leben ist. Wir arbeiten für Gott und sind ganz von selbst von strahlendem Licht erfüllt, das uns zeigt, welchen Weg wir gehen sollen, voll Vertrauen in ihn, in Liebe und mit unendlich viel Energie.

Wenn du das möchtest, bitte einfach Gott, dir einen seiner Engel zu schicken, der dir hilft, deinen Weg zu finden. Die Engel schicken dir immer Licht, Liebe, Energie und Heilung. Wenn du das möchtest, dann bitte Gott einfach im Gebet darum.

Gott ist kein Mann und keine Frau. Er ist beides. Er ist auch die göttliche Energie, die universelle Energie – wie auch immer du ihn nennen möchtest – es ist in Ordnung! Es hat keine Bedeutung. Es macht keinen Unterschied, welcher Religion du angehörst, aus welcher Rasse du stammst, welche Hautfarbe du hast, wie alt du bist, wo du herkommst, ob du etwas nicht kannst, wie du aussiehst oder irgend etwas dergleichen. Gott liebt uns alle und möchte, daß wir alle glücklich und zufrieden sind, daß wir geliebt werden, voller Frieden und Licht und Energie sind. Je mehr Licht es gibt, umso weniger Dunkelheit ist in der Welt, und das Licht scheint am hellsten in der Dunkelheit!

Du kannst auf viele Weisen mit Gott in Kontakt treten – zum Beispiel, indem du betest. Dafür brauchen wir keinen besonderen Platz, du fängst einfach an, mit ihm zu sprechen, laut oder leise in dich hinein. Er hört dich immer. Wichtig ist, daß du nach deinem Gebet „Amen" sagst, dann weiß er, daß du fertig bist. Wenn du dir etwas wünschst, geht es vielleicht nicht so in Erfüllung, wie du es dir vorgestellt hast, aber Gott weiß immer, was am besten für uns ist. Er weiß immer ganz genau, was wir brauchen, deshalb versuche, das Positive zu sehen. Manchmal wird es uns erst Jahre später klar, manchmal auch sofort. Wir lernen die ganze Zeit. Manche Schwierigkeiten sind dazu da, daß wir etwas lernen. Manche Krankheiten sollen uns zeigen, wo wir etwas falsch machen. Wenn wir uns ändern, werden wir dann wieder gesund. Gott läßt uns immer wissen, was wir tun sollen, wenn wir ihm zuhören. Öffne dein Herz, und du wirst ganz von selbst auch deinen Geist für Gott öffnen.

Gott ist im Himmel. Die Menschen sind auf der Erde. Andere Wesen sind irgendwo anders auf anderen Planeten. Dazwischen sind die Engel. Sie sind von Gott gemacht, um ihm zu helfen. Und sie sind wirklich da. Bitte und es wird dir gegeben, suche und du wirst finden, und die Gaben des Himmels werden dir ganz für dich geschenkt. Alles wartet auf dich. Warum also nicht anfangen?

Gott möchte, daß wir bei ihm sind. Er hat soviel Liebe für uns alle, und wir können anderen diese Liebe schenken, wenn wir sie empfangen. Dann sind wir in der Lage, ein wenig zu helfen, die Erde zu heilen. Vielleicht hilft es, wenn wir uns selbst als die größten Menschen auf der ganzen Erde betrachten. Soviel Liebe hat Gott für uns alle, daß jeder von uns bis obenhin von Licht und Liebe, Energie und Heilung erfüllt sein kann. Es ist gut, daran zu glauben, denn es ist das Einzige, Wahre, an das man glauben kann. Gott ist überall, und auch seine Engel sind überall, helfen ihm und bemühen sich, die Erde zu einem besseren Ort zu machen. Wenn du schläfst, wachen die Engel über dich. Wenn du erwachst, beschützen dich die Engel, führen dich und bewahren dich vor Bösem. Bei den Menschen jedoch, die den bösen Kräften anheimgefallen sind, ist der Engel weggeflogen, weil ihm die schwere Energie unerträglich ist. Er hält sich nur noch mit Abstand bei seinem Menschen auf. Dieser Mensch kann jedoch immer darum bitten, daß der Engel wieder zurückkommt, ihn behütet und beschützt und zum Licht zurückführt. Es liegt immer in seinem eigenen freien Willen, dies zu tun. Niemand kann bestreiten, daß er seinen eigenen freien Willen hat. Es ist etwas ganz Besonderes, das Gott den Menschen gegeben hat. Du kannst immer *ja* oder *nein* sagen, ganz gleich, in welcher Lage du dich befindest.Gott möchte auch, daß wir gut und liebevoll zu anderen sind, warum also nicht gleich heute damit beginnen?

Ein guter Anfang ist immer, zu lächeln, Freundlichkeit zu zeigen, freundlich mit Menschen zu sprechen. Viele sind einsam, viele sind schon verloren. Hilf!

Gott sagt, der einzige Weg zum Himmel ist, dich dem All wieder anzuschließen, und dich dazu zu bringen, zu bereuen, als ein besserer Mensch wieder anzufangen, nicht aufzugeben. Jeder von uns sollte noch in der Lage sein, einen Traum oder eine Vision zu haben, etwas, wofür wir leben oder arbeiten können. Ein Wunsch ist etwas, das wir an Gott aussenden können. Er ist mit einer Schnur mit dem Himmel verbunden. Wenn wir sagen, daß es sowieso nie passieren kann, dann ist die Schnur zerrissen – du nimmst deinen Wunsch zurück. Aber wenn du glaubst, dann schaffst du es! Versuch's einfach!

Jesus war auch jemand, der sich eine bessere Welt wünschte, der vielen Menschen half und viele heilte, der Liebe verströmte und Liebe empfing und der immer ein guter Mensch war. Es ist schwierig, dich mit Jesus zu vergleichen, aber es wäre leicht, zu versuchen, wie er zu sein, wenn wir öfter an ihn dächten. Er ist ein Mensch, zu dem wir wirklich aufschauen und den wir bewundern können. Warum nicht? Es gibt keinen Grund, warum wir das nicht tun sollten.

Gott sagt, wir sollen nicht versuchen, uns mit irgend jemand anderem zu vergleichen. Versuche, ein guter, liebevoller und freundlicher Mensch zu sein, und du wirst unendlich viel Liebe zurückbekommen.Geben und Nehmen sind wichtig im Leben, genauso, wie wir für die Lebensmittel im Supermarkt bezahlen oder für die Arbeit eines Handwerkers. Geben und Nehmen ist das gleiche. Es ist *notwendig*. Zu viel zu geben ist falsch, zu viel zu nehmen ebenso. Es muß ausgewogen sein. Wie ist es bei dir?

Wenn du das nächste Mal in die Stadt gehst, denk daran, wenn du für etwas bezahlst: geben und nehmen. Die Menschen lächeln zurück, wenn du sie anlächelst, oder sie sind freundlicher, nicht wahr? Und wie ist es: Wenn du zu jemandem unfreundlich bist, ist er auch unfreundlich, oder nicht? Die meisten sind es jedenfalls, auch wenn das nicht die richtige Art der Reaktion ist. Die Zeit wird kommen, wo du so voller Liebe bist, daß es dir nichts ausmacht, wenn jemand unfreundlich ist, es macht dich nicht ärgerlich, es ist dir gleichgültig. Dies ist natürlich ein höherer Bewußtseinszustand, aber jeder von uns kann ihn erlangen.

Dies ist die Botschaft für heute.

Vierte Botschaft

Gott sagt, in der vierten Botschaft geht es um *Haß*. Wenn du jemanden haßt, dann ergreift der Haß vollständig Besitz von dir und erfüllt dich mit einem Gefühl, das für einen Menschen nicht natürlich ist. Warum haßt du diesen anderen Menschen? Warum glaubst du, du mußt ihn hassen? Was hat dich dazu gebracht, so zu empfinden? Wenn du weißt, warum du diesen Menschen haßt, mußt du erkennen, daß wirklich etwas mit dir nicht in Ordnung ist. Vielleicht stimmt etwas nicht damit, wie du deine Liebe gegenüber anderen zum Ausdruck bringst. Warum haßt du? Weil du in dem Augenblick nicht in der Lage bist zu lieben. Wenn du haßt, kannst du die Person nicht lieben. Was ist da zu tun?

Gott sagt uns, daß wir versuchen können, unsere Feinde zu lieben. Wir können versuchen, nett zu ihnen zu sein, wir können ihnen zeigen, daß wir ihnen nichts Böses wollen, ihnen die andere Wange hinhalten. Es ist Zeit, daß wir anfangen, netter zu denen zu sein, dir wir meinen nur hassen zu können. Dieses negative Gefühl ist nicht nötig. Negative Gefühle erzeugen Krankheit. Krankheit ist eine Gelegenheit, etwas gutzumachen und dich zu ändern. Gott möchte, daß wir versuchen, alle zu lieben.

Setz dich einmal hin und denke an alle die Menschen, die du nicht liebst. Schreib sie dir auf. Diese Leute sollen jetzt geliebt werden, also versuche, ein bißchen Liebe in deine Gedanken zu bringen. Stell dir vor, diese Menschen wären ganz, ganz klein, so klein, daß sie in eine Streichholzschachtel passen, die du in deine Tasche stecken kannst.So können dir diese Menschen nicht mehr schaden, denn sie sind viel zu klein. Wenn du dir vorstellen kannst, daß sie dir nichts mehr tun können, dann mach es dir gemütlich. Stell dir vor, daß du jetzt in den Wald gehst und ein Picknick mit all diesen winzigen Leutchen machst, die du eigentlich haßt. Du stellst dir vor, wie du einen schönen Platz im Wald findest. Du hast deinen Picknickkorb dabei und darin ist auch die Streichholzschachtel. Du breitest das Tischtuch aus und stellst das mitgebrachte Essen darauf. Dann kannst du die Streicholzschachtel aufmachen. Bitte zuerst alle, ob sie mit dir Picknick machen wollen; lass sie herausspringen und mit dir essen und trinken und fröhlich sein. Dann leg dich auf den Rücken, das Gesicht der Sonne zugekehrt. Stell dir vor, du öffnest diesen winzigen Leutchen dein Herz. Das ist am Anfang vielleicht schwierig. Mach dir nichts draus, wenn es nicht gleich klappt. Versuch es einfach später noch einmal. Wenn es dir dann gelingt, wirst du wirklich spüren, daß sich etwas verändert. Du wirst vielleicht Tränen vergießen, aber das ist in Ordnung. Es ist ein gutes Zeichen. Hab keine Bedenken, deine Gefühle zuzulassen, sie lösen sich damit auf. Auf diese Weise kannst du lernen, deine Feinde zu lieben. Gott sagt, dies ist eine wunderbare Art, jemanden lieben zu lernen. Öffne dein Herz und lass sie herein.

Gott sagt, Haß ist auf der Welt nicht nötig. Wenn es keinen Haß gäbe, gäbe es auch keine Aggressionen, keine Kriege, keinen Bürgerkrieg, keine Kämpfe, keine Wut und keinen Streit über belanglose Kleinigkeiten. Wir könnten in der gleichen Zeit statt dessen viel liebevoller sein, und allen würde es viel besser gehen. Gott möchte natürlich gern, daß es uns viel besser geht.

Warum fangen wir nicht einfach heute damit an? Worauf wartest du noch? Ja, gut, dies und jenes ist zu tun, aber warum hältst du nicht einfach eine Minute inne und hörst dir das an? Gott möchte, dass du deine Feinde liebst, ja, hörst du? Du sollst deine Feinde lieben!!!

Gott möchte, daß wir sehen, daß Haß in dieser Welt nicht nötig ist. Wenn wir nur lieben, leisten wir einen Beitrag zur Heilung der Welt. Die Erde stirbt, ja, und wir müssen anfangen, sie zu heilen.

Dies ist das Ende der heutigen Engelbotschaft.

Fünfte Botschaft

Gott sagt, in der heutigen Botschaft geht es um *Konzentration.* Konzentration ist etwas sehr Wichtiges. Wenn du dich konzentrieren kannst, kannst du mit deiner inneren Kraft Berge versetzen.

Konzentrieren geht so: Du richtest dein ganzes Denken, deinen Körper, deine Seele, dein Herz und dein Wünschen auf eine ganz bestimmte Sache aus, die, auf die du dich konzentrieren willst. Wenn dir das gelingt, wird dir diese Sache auch gelingen. Es ist ein universelles Gesetz, daß du es mit aller geistigen, körperlichen und Herzenskraft versuchen mußt, sonst funktioniert es nicht. Wenn du versuchst, etwas zu tun, ganz gleich, was es ist, dann denke ausschließlich daran. Wenn deine Gedanken abschweifen, dann fang sie wieder ein. Wenn du Erfolg haben willst, mußt du dich auf dein Ziel konzentrieren. Wenn du es nicht tust, bleibt der Erfolg vielleicht aus!

Gott sagt, Konzentration ist so wichtig, daß jeder von uns sich darin üben sollte. Versuche, dich einmal am Tag auf irgend etwas zu konzentrieren. Wenn du möchtest, daß etwas passiert, dann konzentriere dich darauf. Wenn du zum Beispiel jemanden sehen möchtest, der dir wichtig ist, dann konzentriere dich darauf. Jeder Gedanke projiziert Schwingungen, die sich durch die Luft fortsetzen. Die Gedanken werden in den Himmel gesandt. Sie werden von den Engeln aufgefangen, die mithelfen, daß das, was du dir wünschst, geschieht. Wenn du etwas wirklich, wirklich möchtest und Gott weiß, daß es das Richtige für dich ist, dann wird er gestatten, daß du es bekommst.

Es kann auch so sein, daß Gott die Sache oder die Person, die du dir wünschst, nicht gut für dich findet. Dann bekommst du sie vielleicht, damit du erkennst, daß du sie gar nicht brauchst oder daß sie nicht gut für dich ist! Dann können wir sehen, daß es eigentlich darum geht, zu lernen, was gut für uns ist und was nicht. Oder Gott gibt uns etwas anderes, das gut für uns ist. Nur Er weiß, was das ist.

Gott läßt uns immer haben, was gut für uns ist. Wenn wir uns etwas wünschen, das mit einem göttlichen Auftrag zu tun hat, bekommen wir es immer. Wenn wir etwas haben wollen, um jemandem helfen zu können oder etwas Gutes zu tun, bekommen wir es. Wenn wir etwas wollen, was gut für die Menschheit ist, bekommen wir es auch. Es ist immer Gottes Wille, uns Frieden und Glück zu bringen, die Trauer zu lindern oder die Menschen zu ermuntern, Freude an ihrer Arbeit zu haben. Wenn eine schlechte Tat getan werden soll, kannst du dir sparen, um Hilfe zu bitten. Gott wird nicht einmal hinhören. Gut, er hört es vielleicht, aber er wird sich keinen Gedanken darum machen, was er dafür tun kann. Daher kannst du dir gleich sparen, darum zu bitten.

Wenn du eine Frage hast, zu der dir keine Antwort einfällt, dann bitte darum, und die Antwort wird dir gegeben. Du kannst einfach darum beten oder es Gott sagen, indem du denkst, daß du dies oder jenes gern erklärt hättest. Das ist in Ordnung. Er hört die ganze Zeit zu, und auch die Engel sagen ihm immer, was es ist, das wir uns wünschen. Wir sind in einem ständigen Dialog mit der universellen Energie, auch wenn wir es gar nicht bemerken. Ehrlich!

Wenn wir uns nun darauf konzentrieren, Gutes zu tun, und nicht voll schlechter, unglücklicher, sorgenvoller oder sogar trauriger Gedanken sind, dann können wir viel zuwegebringen.

Unsere Zukunft zeigt sich auf dem Weg, den wir gehen. Unser Weg führt in die Zukunft. Für die Engel ist unsere Zukunft Gegenwart, denn aufgrund des Weges, auf dem wir uns befinden, ist die

Zukunft bereits da. Es ist ungefähr so, als wenn wir einen Weg zu einem großen Gebäude hinaufgingen. Während man den Weg hinaufgeht, weiß man, daß man ankommen wird. Gut, man könnte sagen, daß auf dem Weg vielleicht etwas dazwischenkommen kann, aber wenn es der richtige Weg ist, dann wissen wir im Grunde, daß uns nichts geschehen wird. Abgesehen davon haben wir immer unseren Schutzengel. Es ist wunderbar, daß wir niemals allein sind! Wenn wir am Ende dieses Weges angekommen sind, liegt die Zukunft auch in der Tatsache, daß wir die Tür dieses Gebäudes aufmachen und hineingehen werden, wenn es das war, was wir wollten. Dann wissen wir, was wir in diesem Gebäude tun wollten, daher ist die Zukunft wiederum vorausgeplant! Das ist genau wie unsere eigene Zukunft. Wenn wir beschließen, was wir für Gott tun wollen, wenn wir unser wahres Ziel im Leben auf dieser Erde gefunden haben, dann ist die Zukunft wirklich vorausgeplant. Dann sind wir auf dem Weg. Dann wird alles geschehen!

Wenn wir nicht wissen, wofür wir auf diesen Planeten gestellt wurden und was wir in diesem Leben tun wollen, dann ist das ein Puzzle, das noch zusammengesetzt werden muß, so daß wir unseren Weg finden können. Eines Tages wird das Puzzle fertig sein und wir werden alle unser wahres Ziel finden, wenn es das ist, was wir wirklich wollen. Um unser wahres Ziel finden zu können, müssen wir zunächst ein wenig Glauben haben, und dann brauchen wir eine Portion Liebe, Licht und Energie. Um dein eigenes Ziel zu finden, kannst du einfach um Hilfe dafür bitten. Bitte und es wird dir gegeben. Der Weg wird dir gezeigt, wenn du einfach darum bittest!

Auf deinem Weg wirst du von verschiedenen Engeln begleitet. Es sind ständig andere Engel, je nachdem, welchen du gerade brauchst. Wir können nicht erkennen, welche Engel zu welcher Zeit da sind.

Sicher ist nur, daß du umso mehr Engel zur Hilfe hast, je größer deine Aufgabe ist. Wenn dir klar ist, daß du Hilfe bekommst, brauchst du dir niemals Sorgen darum zu machen, wie dies oder jenes geschehen wird. Wenn es der richtige Weg ist, ist immer Hilfe da. Wenn du findest, daß du nicht genug Hilfe bekommst, dann wünsch dir einfach ein wenig mehr. Dein Wunsch und die Konzentration auf diesen Wunsch, der, wie schon gesagt, einen „Draht" zum Himmel hat, wird alles wahrwerden lassen!

Versuche also, dich auf das zu konzentrieren, was du dir wünschst. Ist es das Richtige für dich? Dann wird es geschehen. Ist es falsch für dich? Dann warte ab, was geschieht!

Gott sagt, wir bekommen immer, was wir brauchen und was wir verdienen. Was wir brauchen, ist vielleicht nicht das, was wir wollen, aber das, was wir bekommen, läßt uns vielleicht erkennen, daß das, was wir wollten, das Falsche war. Was wir brauchen und was wir bekommen, geht immer zusammen. Es ist nie getrennt, niemals! Manchmal bekommen wir natürlich auch, was wir uns wirklich wünschen - dann ist es das, was wir wirklich brauchen! Sei dir dessen immer bewußt!

Gott sagt, das ist, warum wir immer weitermachen wollen. Wenn wir aufhören, uns etwas zu wünschen oder eine Vision zu haben, dann hören wir auf zu leben. Dann haben wir aufgegeben. Dann ist kein Wille mehr in uns. Warum also nicht einen Wunsch haben?

Denk darüber nach, was du dir wünschst! Warum beginnst du nicht gleich heute, zu wünschen und dich auf deinen Wunsch zu konzentrieren? Wenn es ein Wunsch ist, von dem du weißt, daß er es nicht wirklich wert ist, gewünscht zu werden, dann brauchst du dich nicht darauf zu konzentrieren. Wenn er es nicht wert ist, bekommst du ihn sowieso nicht. Wenn es jedoch etwas ist, das du dir von ganzem Herzen und mit jeder Faser deines Körpers und

Gemütes wünschst, dann los! Wünsch es dir und konzentriere dich!

Gott sagt, wir brauchen Wünsche, wir brauchen Gebete, und wir brauchen einen Weg, den wir gehen können. Der Weg, der zu unserem wahren Selbst führt, ist ein guter Weg, während der Weg, der zur anderen Seite unseres Selbst führt, gewöhnlich voller Unebenheiten ist, und viele von uns versagen auf diesem Weg vollständig. Deinen wahren Weg zu finden, ist eine Frage des Wunsches, etwas zu tun, von dem du weißt, daß es richtig ist. Es ist eine ideale Lebensweise und niemals eine schlechte. Sei glücklich, gehe leicht durch's Leben, liebe Gott, und du wirst bald sehen, daß es ein besseres Leben für dich und deine Umwelt ist. Gott läßt es uns an nichts fehlen!

Dies ist das Ende dieser Engelbotschaft.

Sechste Botschaft

Gott sagt, in der sechsten Botschaft geht es um *Heilung*. Es geht darum, daß du lernst, dich selbst zu heilen und eins mit dir zu sein, damit du gesund bleibst.

Als gesunde Menschen kann man solche bezeichnen, die Energie haben und die von Licht und Liebe erfüllt sind. Diese Liebe und dieses Licht kommen vom Himmel. Wenn Körper, Geist und Verstand miteinander in Harmonie sind, dann fühlen wir uns gut. Wenn nicht, wenn in unserem Körper irgendeine Disharmonie herrscht, dann werden wir für gewöhnlich krank.

Wenn wir danach trachten, eins mit uns selbst und mit der Energie zu sein, die wir vom Himmel empfangen, dann werden wir nicht krank und sind auch nicht traurig, einsam oder aggressiv. Natürlich hat jeder von uns diese Energie in sich, nur haben manche mehr als andere. Man kann das mit unseren Glühbirnen vergleichen. Manche haben nur 20 Watt, manche haben 100 und manche 250 Watt. Die 250 Watt-Birnen strahlen natürlich mehr Licht aus als die mit 20 Watt. Dasselbe gilt für die Menschen. Die meisten von uns haben einen Energiepegel von etwa 150 Watt. Manche von uns haben weniger, wenn wir deprimiert oder traurig, einsam oder krank sind. Manche von uns haben viel mehr, denn sie sind sozusagen gut an Gottes Energie „angeschlossen“.

Wenn wir „angeschlossen“ sind, sind wir eins mit uns selbst und mit Gottes Energie. Wenn wir für Gott arbeiten, d.h. wenn wir unsere wahre Aufgabe im Leben kennen und diesen Lebensweg gehen, dann sind wir eindeutig „angeschlossen“ und benutzen Gottes Energie, um alles geschehen zu lassen. Wenn wir sehr viel von dieser Energie haben, bemerken es die Menschen, die nicht soviel Energie haben, denn diese Energie bewegt den Menschen, der sie hat, und er kann anderen davon abgeben in Form von geistigen Wellen der Liebe, des Lichtes oder des Trostes, wenn er benötigt wird.

Wenn Gott möchte, daß wir Menschen voller Liebe und Licht sind, dann heißt das, daß wir gesunde, glückliche Menschen sein sollen, denn das ist es wirklich, was wir tief innen in den Zellen unseres Körpers sind. Alles andere ist nicht normal! Wenn wir das erreichen können, können wir etwas Großes zu einer besseren Welt beitragen. Wir können zur Heilung der Welt beitragen, die nur geschehen kann, wenn jeder oder *mindestens* 50% der Bevölkerung der Erde gesund ist und Wellen des Glücks auf alle anderen ausstrahlt.

Es ist ganz leicht! Zunächst einmal können wir uns hinsetzen und darüber nachdenken, warum wir vielleicht nicht eins mit uns selber sind. Weißt du es, oder weißt du es nicht? Entspanne dich, atme tief und langsam, sage dir, daß all deine negativen Gedanken mit dem Ausatmen aus dir hinausfließen. Dann bitte Gott, zu kommen und dir Energie in Form eines Engels zu geben. Dieser Engel steht dir bei, damit du gesund und voller Energie sein kannst. Der Engel kommt zu dir, er ist schon da, wenn du Gott darum bittest. Du siehst ihn vielleicht nicht, du kannst ihn vielleicht nicht spüren oder riechen oder laut mit ihm sprechen, aber er ist da.

Von jetzt an hast du also sehr viel Hilfe bei deiner Aufgabe, heil und glücklich zu werden. Wenn du daran glaubst, daß es das Beste für dich ist, glücklich zu sein, dann geschieht es sogar noch schneller. Achte darauf, wie die Energie zu fließen beginnt, wie sie dich mit einem lichten, kribbelnden Gefühl umgibt. Die Engel sind da!

Stell dir vor, daß immer jemand an deiner Seite ist – dieser Jemand ist ein Engel. Der Engel hilft dir, ein gesunder Mensch zu werden. Wenn du also merkst, daß genau das geschieht, sobald du darum bittest, kannst du sicher sein, daß du dich auf dem Weg zu guter Gesundheit und Glück befindest.

Laß die wunderbaren Dinge geschehen, wenn du kannst. Wenn Engel zu uns kommen, beginnt immer etwas Wundervolles und Positives, und es ist immer voller Liebe. Es geschieht für dich, denn es ist dein Engel, der es geschehen läßt!

Warum bittest du also nicht gleich heute darum? Gott möchte, daß wir bewußter und energievoller leben. Gott möchte, daß uns klar wird, daß wir normalerweise egoistisch sind und unser Tun nicht viel dazu beiträgt, gute Energie an alle anderen auszusenden. Siehst du, je mehr Energiewellen von all den Menschen ausgesandt werden, die sehr viel Liebe und Licht in sich haben, desto mehr Gutes wird auf dieser Erde geschehen, denn man kann die Liebe spüren, und sie ist ansteckend. Wir können also alle dazu beitragen, wenn wir möchten. Die Engel sind Gottes Helfer, die für jeden von uns da sind. Wir brauchen nur um Hilfe zu bitten!

Gott sagt, daß wir immer bitten können – bete einfach, sage es oder denke es auch nur. Und versuche, daran zu glauben. Dann funktioniert es. Gott wirkt auf wunderbare Weise; die, die es erkennen, sehen sein Werk. Wenn wir eins sind mit Gott, helfen wir damit allen, denn dann können wir ganz von selbst Wellen der Liebe, des Lichts und der Energie aussenden.

Um uns selbst heilen zu können, sollen wir also einfach Gott um einen Engel bitten!

Dies ist das Ende der heutigen Engelbotschaft.

Siebte Botschaft

In dieser Botschaft geht es um die *Gier*. Gierig zu sein, ist nicht die richtige Lebensweise, aber trotzdem gibt es schrecklich viele gierige Leute. Gier ist ein Versuch, alles zu kriegen, was man kann, obwohl man schon genug hat. Gott ist so groß, daß er uns alles geben kann, was wir wollen und brauchen. Das heißt, wenn es genug gibt. Wenn wir zu viel haben, von Essen, Kleidung oder etwas anderem, dann heißt das wirklich nur, daß jemand anderer nicht genug hat. Das ist wahr! Schau dir die Menschen an, die sehr arm sind, sieh dir die an, die verhungern, die, die ein Zuhause brauchen, schau dir die an, die nicht genug Liebe im Herzen haben, um den anderen etwas abzugeben.

Wenn wir alle anfingen, an die Menschen in der Welt zu denken, die nicht genug haben, die aufgrund ihrer Lebenssituation Mangel leiden, dann würden wir uns alle sehr viel mehr in der Lage fühlen, ihnen etwas zu geben. Es muß nicht unbedingt Geld sein. Manchmal hilft ihnen das nicht sehr viel, oder es hilft ihnen nur wenig und nur für kurze Zeit. Auf lange Sicht gesehen ist es besser, wenn jeder, der zuviel hat, die Ärmeren unterstützt.

Gott sagt, es wäre gut, wenn diejenigen von uns, die meinen, sie hätten etwas zu geben, tatsächlich anfingen, es zu tun. Wenn uns klar wäre, daß Gott es uns nie an etwas fehlen läßt, wenn wir unser Vertrauen in ihn setzen, dann brauchten wir sowieso nicht soviel für uns zu kaufen. Manchmal ist das Kaufen ein Versuch, die innere Leere zu füllen, die wir, wenn wir wirklich voller Licht und Liebe wären, sowieso nicht empfinden würden. Das heißt natürlich nicht, daß wir nie mehr einkaufen gehen sollen. Manchmal tut uns das auch gut. Etwas Neues für uns, das uns wirklich gefällt, macht uns ja auch glücklich, nicht wahr?

Wenn du also denkst, daß Gier eine Eigenschaft ist, an der du leidest, dann denk darüber nach. Warum bist du gierig? Warum willst du sovieles haben? Warum willst du immer kaufen? Warum willst du all diese Dinge behalten? Warum willst du nichts weggeben? Warum kannst du dich nicht von Dingen trennen, die du nicht brauchst?

Festhalten ist ein weiteres Problem. Wenn wir lernen, etwas loszulassen, dann lassen wir einen bestimmten Teil unseres Egoismus los. Dieses Loslassen bringt uns Gott ein gutes Stück näher. Wenn du wirklich voller Liebe und Licht bist, hast du dein egoistisches Sein aufgegeben. Du kannst anderen mehr geben, mehr Liebe annehmen und hast mehr Energie, um Gottes Arbeit zu tun!

Gott sagt, wenn es uns schwerfällt, zu geben oder loszulassen, können wir Folgendes ausprobieren: Wenn du einkaufen gehst, dann überlege, was du brauchst, was du möchtest und was du schon hast. Wenn du es schon hast, dann kauf es nicht. Wenn du es schon gekauft hast, dann schenke es weg und sage dir dabei, daß du etwas für jemanden getan hast, der nicht genug oder zumindest nicht soviel hat wie du.

Geben und Nehmen ist ein Gesetz des Universums. Es heißt, daß wir fähig sein müssen, sowohl zu geben als auch zu nehmen. Aber nimm nicht zu viel und gib nicht zu viel. Geben und Nehmen müssen im Gleichgewicht sein, genauso wie Gier und Exzesse abgeschafft werden müssen. Womit hast du Schwierigkeiten? Denke darüber nach!

Setz dich hin, atme eine Weile tief ein und aus und stell dir dann vor, du hättest nichts an. Keine Angst, es ist nur eine Vorstellung! Du hast also nichts an und hast auch nichts zum Anziehen, oder vielleicht nur einen uralten Mantel, so einen, wie du ihn letztens weggeworfen hast. Jetzt stell dir vor, du bist hungrig, ja, wirklich,

wirklich hungrig. Dein Magen knurrt sehr, sehr laut. Du hättest gern einfach nur irgendwas zum Essen. Du findest ein paar Brotrinden und ißt sie. Dann stell dir vor, daß du nur ganz wenig Geld hast, so wenig, daß es für eine richtige Mahlzeit nicht reicht, ganz zu schweigen von einem ganzen Laib Brot. Dann stell dir vor, du hast kein Dach über dem Kopf. Stell dir vor, du hast überhaupt kein Zuhause, wo du hingehen kannst. Stell dir vor, du hast kein Bett, keine Decke, keinen Stuhl zum Sitzen und einen Tisch schon gar nicht.

Nun, wie ist das? Nicht jeder in dieser Situation ist schlecht oder süchtig oder auch nur eine andere Art Mensch als du oder ich. Kannst du dir vorstellen, in einer solchen Situation zu sein? Durch eine Naturkatastrophe oder irgendeinen Schicksalsschlag könnte es ja durchaus geschehen. Wenn du dir das nicht vorstellen kannst, liegst du falsch. Es *kann* dir auch passieren!

Gewiß, es gibt Obdachlose oder Landstreicher draußen, die aufgrund irgendeiner Schlechtigkeit oder schlechten Energie in dieser gottlosen Situation sind. Sie sind verlorene Seelen. Aber auch sie haben immer ihren freien Willen, das dürfen wir nicht vergessen. Auch sie können immer um einen Engel bitten, der kommt und ihnen hilft, in welcher Form auch immer – das ist die Wahrheit.

Gott bittet uns, heute damit zu beginnen, ein bißchen weniger gierig zu sein. Wenn wir das schaffen, helfen wir damit ganz gewiß jemand anderem dort draußen. Noch besser wäre es, jemandem, der etwas braucht, etwas zu *geben*. Denk daran! Ja, gleich heute!

So können wir alle mithelfen, eine bessere Welt zu erschaffen, für dich, für mich und für die menschliche Rasse. Wie wäre es, in einer Welt zu leben, in der niemandem etwas fehlt? Es wäre das Paradies, nicht wahr?

Dies ist das Ende der heutigen Botschaft der Engel.

Achte Botschaft

Diese achte Botschaft handelt von *Liebe* und *Brüderlichkeit.*

Gott sagt, jeder von uns ist unser Bruder oder unsere Schwester! Das anzunehmen, ist vielleicht sehr schwer für uns. Jeder von uns ist in seinem Inneren Gott sehr ähnlich, und die meisten von uns akzeptieren wirklich, daß wir nach Gottes Bild geschaffen sind. Wenn wir zu glauben versuchen, daß jeder einzelne Mensch auf dieser Erde unser Bruder oder unsere Schwester ist, dann können wir auch akzeptieren, daß wir eins sind – jeder von uns ist eine Zelle in Gottes Körper, die stirbt und sich erneuert, genauso, wie die Zellen in unserem eigenen Körper sterben und sich erneuern.

Wenn wir nicht akzeptieren, daß wir alle Gottes Zellen sind, Gottes Kinder, werden wir vielleicht nie in der Lage sein, mit Gott „eins" zu werden. Aber Gott möchte, daß wir alle seine Kinder sind und nicht ein Teil seines Körpers krank wird und Erneuerung braucht. Wenn wir den Bewußtseinszustand erreichen, wo wir viel mehr von Liebe, Licht, Harmonie und Frieden mit uns selbst erfüllt sind, wenn wir voll sind mit Gottes Energie und Licht, dann können wir den Weg klar sehen.

Liebe ist ein Teil jedes menschlichen Wesens – unser innerster Kern ist LIEBE. Wir sind dazu gemacht, voller Liebe zu sein – sieh dir die kleinen Kinder an! Auch sie sind so voller Liebe, sie strahlen Liebe und Gottes Energie einfach aus. Sie können über viele Dinge staunen. Wir haben die Tatsache, daß wir alles und jedes haben, schon so sehr als selbstverständlich angenommen. Wenn wir älter werden, nehmen wir alles als selbstverständlich hin. Das ist nicht richtig. Gott sagt, wenn wir versuchen, mehr wie kleine Kinder zu sein, werden wir ihm näher sein. Wenn wir wie Kinder sein können, sind wir Gott näher. Kinder können uns sehr viel lehren. Kinder sind da, um uns genau zu zeigen, was wir versuchen können zu tun. Wenn wir unseren Kindern zuschauen, sehen wir, wie sie spielen und lachen und wieder und wieder über alles mögliche staunen, wie neugierig und voller Energie, wie voller Liebe und Freude und Gottes Licht sie sind.

Wären wir nicht alle gerne so? Nun, wir können mehr wie die Kinder sein, indem wir uns ganz einfach entschließen, zu sein wie sie. Es funktioniert!

Setz dich hin und entspanne dich. Schließe die Augen und atme ein paarmal tief ein und aus. Bitte Gott im Gebet, zu dir zu kommen und dir dein inneres Kind zu zeigen. Denk daran, wie du als Kind warst. Sieh dich vor deinem inneren Auge wieder als Kind. Sieh das Strahlen dieses Kindes, schau, wie es dich anlächelt. Streichle jetzt seine Wange, nimm dieses Kind im Geiste in deine Arme und öffne ihm dein Herz. Mach dir nichts draus, wenn du vielleicht weinen mußt. Viele von uns weinen, wenn sie das Kind, das sie waren, zum ersten Mal wiedersehen.

Wenn du immer öfter einmal an dieses Kind denkst, das du warst und in Wirklichkeit noch immer bist – du bist nur größer, älter, klüger und ungöttlicher geworden –, dann öffnest du dich der Energie Gottes. Gott ist immer da, du mußt ihn nur in deine Energie einlassen. Sieh, wie dies dein Leben soviel lebenswerter macht, soviel froher, soviel friedlicher und soviel harmonischer...

Wir können wieder wie die kleinen Kinder sein! Das ist etwas Wunderbares! Wir sind alle Gottes Kinder, jeder von uns, ganz gleich, wie wir aussehen, wo wir herkommen, welcher Rasse wir angehören, ob wir behindert sind oder was für eine Sprache wir sprechen. Jeder Mensch ist unser Bruder oder unsere Schwester!

Wie ist es, so viele Brüder und Schwestern zu haben? Nun, man behandelt seine Mitmenschen wie seine Brüder und Schwestern. Lerne, die ganze Menschheit zu lieben, und du wirst Liebe zurückerhalten – es ist ein Geben und Nehmen! Es ist wichtig! Wir sind alle auf diesem Planeten Erde, um diese Tatsache annehmen und erkennen zu können – um einander zu lieben, um gut zueinander zu sein, um unser wahres Ziel im Leben zu erkennen und eins mit der Erde zu sein.

Die Erde ist unser Planet, und wir sind hier auf der Erde geboren worden, um zu sehen, wie wunderschön sie ist, und damit diese Schönheit uns hilft, Gottes Schöpfung zu sehen. Gottes Schöpfung sind all diese Pflanzen, Tiere, Menschen, das Wasser, der Himmel, die Planeten und Sterne und so vieles mehr, das uns gegeben ist, damit wir staunen und durch dieses Staunen Gott näher sind! Wenn wir die Erde zerstören, weil wir nicht genug für sie sorgen, dann zerstören wir eindeutig auch unsere Liebe zu den Menschen, zu Gott, zu den Tieren und der Natur selber. Warum nicht gleich heute beginnen, die Erde zu retten, indem wir uns selbst und unsere Lebensweise ändern? Versuche, dir wirklich bewußt zu sein, was du tust, wie du deine Mitmenschen behandelst, wie du mit den Tieren und den Pflanzen umgehst, dann *wird* dir bewußt, wie du den Planeten Erde behandelst.

Was du heute tun kannst, solltest du nicht auf morgen verschieben, jedenfalls nicht, wenn es darum geht, den Planeten Erde besser zu behandeln! Die Erde wird nicht viel länger halten, wenn wir so weitermachen. Warum hören wir nicht auf und versuchen, ein besseres Leben zu leben? Warum hören wir nicht auf und versuchen, etwas zu tun, damit die Erde lebt? Gott möchte, daß wir das tun. Gott möchte, daß wir heute beginnen, darüber nachzudenken, wie wir den Planeten Erde retten können. Wir können die Erde retten, indem wir uns selbst retten, und wir retten uns selbst, indem wir Gott ähnlicher werden. Gott ist die Energie des

Lebens, der Heilung, des Lichtes und der Liebe. Gott ist überall. Wir brauchen nur unsere Herzen zu öffnen und das kleine Kind in unser Herz aufzunehmen. Dann beginnen wir, uns selbst als gute, gottähnliche Kinder zu entwickeln. Wenn uns das gelingt und mindestens die Hälfte der Erdenbevölkerung es schafft, dann *werden* wir die Erde retten. Wir können alle heute damit anfangen, worauf wartest du also noch?

Rette die Welt, mache sie zu einem besseren Ort, und sie wird ein besserer Ort für unsere Kinder und deren Kinder sein.

Dies ist das Ende der heutigen Botschaft. ♡

Neunte Botschaft

Das Thema der heutigen Botschaft ist *Achtung*.

Gott sagt, die meisten Menschen achten nur sich selbst. Achtung bedeutet, zu jemandem aufzuschauen. Aber sollten wir denn jemand anderen überhaupt achten? Oder sollten wir nur uns selber achten? Sollen wir zum Beispiel unsere Eltern, unsere Großeltern, unsere Lehrer oder Vorgesetzten oder sonst jemanden achten? Wie denkst du darüber?

Gott sagt, es ist eines der Gebote, die er Moses und den Menschen gegeben hat, die Eltern zu achten. Das stimmt. Du sollst deinen Eltern mit Achtung begegnen. Sie sind es, die uns gegeben haben, was wir haben. Sie haben dich zu einem Erwachsenen gemacht, zu dem Menschen, der du jetzt bist. Ob sie das gut gemacht haben oder nicht, ist nicht wichtig. Wenn du auf die Welt kommst, wählst du dir vor dem eigentlichen Akt deiner Zeugung deine Eltern aus. Dann bist du neun Monate im Leib deiner Mutter, bevor du ins Licht dieser Welt geboren wirst. Gott sagt, dies ist eine Zeit vollkommener Erleuchtung. Du wirst dann mit all den Sorgen geboren, die du aus deinem letzten Leben mitgenommen hast. Du wirst so geboren, um es diesmal besser machen zu können - oder auch nicht! Wenn du es besser machst, wirst du viel Erleuchtung finden. Wenn es dir nicht gelingt, es besser zu machen, wirst du erneut mit all den Sorgen, Ängsten und Problemen geboren, die du schon vom letzten Mal mitgebracht hast. Warum? Weil Gott möchte, daß wir uns verbessern und aus den Dingen lernen, die wir falsch machen.

Achten wir also uns selbst und unsere Eltern! Ja! Achten wir diejenigen, von denen wir das Gefühl haben, daß sie geachtet werden sollten. Wir brauchen deshalb nicht zu denken, diese

Leute seien besser als wir. Wir sind nicht besser als sie und nicht schlechter. Wir alle sind mit allen anderen auf ein- und derselben Ebene. Selbst Könige und Königinnen sind auf derselben Ebene wie wir. Auch sie versuchen, sich in diesem Leben zu verbessern.

Gott sagt, um jemanden zu achten, brauchen wir nur höflich zu ihm zu sein, keinen Haß, keine Verachtung und keine Ablehnung zu zeigen. Es gibt nur einen Gott, deshalb sollen wir niemanden über uns setzen, nicht einmal jemanden, den wir lieben.Die Menschen, die wir lieben, haben keinen Anspruch darauf, zu meinen, sie seien besser als wir. Liebe ist etwas, das wir empfinden, nicht etwas, das wir zu erreichen versuchen! Deshalb stelle niemanden über dich!

Gott möchte, daß wir gute Menschen sind, keine schlechten Menschen, damit wir beginnen können, die Erde ein wenig zu retten. Wir sollen auch die Erde achten. Wir sollen auch dem Planeten Erde, ebenso wie den Tieren und Pflanzen zeigen, daß wir sie achten. Denk daran, die Tiere haben dieselbe Seele in sich wie wir. Pflanzen haben die Energie Gottes in sich, deshalb sollten wir sie als das achten, was sie sind. Selbst Insekten haben eine Seele. Sie sind vielleicht nur winzige Geschöpfe, aber auch sie leben ihr Leben. Es ist ein völlig anderes Leben als das unsere, aber vielleicht waren auch wir früher einmal ein Insekt, das eindeutig keinen großen, dicken Fuß auf sich drauf haben wollte. Laßt auch sie ihr Leben leben! Warum zweifeln wir daran?

Wir wollen einmal anschauen, was wir im Leben eigentlich tun. Setzen wir uns hin und überlegen, warum wir uns genauso fühlen, wie wir uns jetzt fühlen. Fühlst du dich einsam, traurig, glücklich, voller Haß oder verärgert? Fühlst du dich gut oder nicht? Warum? Bist du in Einklang mit dir selbst? Oder nicht? Entspanne dich, atme ein paarmal tief ein und aus und bitte Gott dann, dir einen Engel zu schicken, der dir zeigt, wie du zu einem besseren Menschen werden kannst. Dieser Engel wird dich vieles lehren, und du wirst sehr viel weiser und liebevoller sein, wenn du ihm dein Herz öffnest. Wenn es dir gelingt, dem Engel, der mit dir ist, dein Herz zu öffnen, dann siehst du, daß die Welt überhaupt kein so schlechter Ort zum Leben ist. Wenn du dich entspannst und darüber nachdenkst, wie du dich fühlst und einen Engel bittest, dir zu helfen, daß es dir besser geht, dann bringst du augenblicklich etwas ganz Wunderbares in dein Leben. Die Engel können uns buchstäblich verzaubern. Sie können uns wieder wie die kleinen Kinder machen, wie Gottes Kinder! Laßt es uns versuchen!

Gott sagt, wir sind auf diese Erde gekommen, um zu versuchen, es besser zu machen als beim letzten Mal: Versuchen wir es!

Wir werden die Erde nur retten können, wenn auch wir gerettet werden. Wir sollen versuchen, das zu tun. Wir sollen begreifen, daß dies die einzig mögliche Lösung ist, die uns allen als menschlicher Rasse übrig bleibt. Gott möchte, daß wir beginnen zu leben, und zwar bewußt! Gott möchte, daß wir anfangen, unsere Liebe mit anderen zu teilen. Er möchte auch, daß wir anfangen, Menschen voller Liebe, Licht, Energie und Gesundheit zu sein! Sobald wir einen Engel bitten, uns den rechten Weg zu zeigen. Beginnen wir damit. Er kommt ganz von selbst zu uns, du wirst schon sehen! Wir brauchen sonst nichts zu tun!

Dies ist also eine sehr gute Art, ein guter Mensch zu werden. Denk daran, liebe jeden Menschen, achte deine Eltern und die Menschen, von denen du das Gefühl hast, daß sie deine Achtung verdienen. Dann werden alle sehr viel glücklicher leben. Wenn wir jemandem ein wenig Liebe und Achtung zeigen, dann zeigen wir diesem Menschen, daß wir ihn lieben und ehren und bereit sind, ein guter Mensch zu sein, selbst wenn wir das nicht immer gezeigt oder uns so gefühlt haben!

Wenn wir achtungsvoller sind, sind wir auch viel mehr wie Gott! Wenn du wirklich glaubst, irgend jemand hätte deine Achtung nicht verdient, dann setz dich hin und überlege dir, warum. Kannst du dir vorstellen, daß der Fehler vielleicht bei dir liegen könnte? Bist du vielleicht voller Haß, Egoismus, Trotz oder Eifersucht gewesen? Kann sein! Naja, vergiß es, vergiß das Gefühl einfach, das du hattest. Wirf es weg, wirf es in Gedanken aus dem Fenster, wenn du willst. Weg damit, laß die Liebe in dein Herz, und laß die ganze Menschheit etwas davon haben!

Worauf wartest du noch? Worauf wartest du noch? Bitte, denk darüber nach, und wenn du möchtest, bitte einen Engel um Hilfe!

Sie lieben dich, weißt du? Sie sind voller Licht, Liebe, Energie und Heilung für dich. Sie leuchten im Dunkeln, und sie leuchten sogar am Tag, wie kleine Kerzen! Wenn du es schaffst, eine Kerze anzuzünden, machst du dein Leben ein wenig heller!

Gib dir eine Chance!

Dies ist das Ende der heutigen Botschaft der Engel.

Zehnte Botschaft

In dieser Botschaft geht es um *Krieg*. Krieg ist nicht der richtige Weg. Warum nicht?

Nun, wir wollen sehen, was Gott über den Krieg zu sagen hat. Gott denkt, daß Menschen Krieg führen, die Gott nicht lieben und die nicht in der Lage sind, sich mit dem Licht und der Energie Gottes zu verbinden.

Wenn wir uns mit der Energie, dem Licht, der Liebe und der heilenden Kraft Gottes verbinden, dann sind wir eins mit uns selbst, mit Gott und mit unserem innersten Kern, der reine Liebe ist.

Reine Liebe ist eine Liebe, die keine Grenzen kennt, keine Sehnsucht, keine Sexualität und kein Anlehnen an irgend jemanden oder irgend etwas. Wir sind dann eins mit der ganzen Natur und fügen uns harmonisch in den ganzen Planeten Erde ein. Denk daran, die Erde ist am Sterben, und wir sind hier, um sie zu retten! Wenn wir also Krieg führen, dann zerstören wir bloß die Erde, nicht wahr?

Gott möchte das natürlich nicht. Er möchte, daß wir die Erde lieben und achten und nicht Krieg gegen sie und unsere Mitmenschen führen. Die Erde ist ein Teil unseres Erbes, wir können sie unseren Kindern und Kindeskindern weitergeben! Wir dürfen sie nicht zerstören!

Was können wir also tun? Wir können uns fragen, warum wir einander nicht einfach lieben, alle, auch die anderen Rassen. Wir können die Engel bitten, einzuschreiten und dem Krieg ein Ende zu setzen. Ja, laßt uns alle einen Engel bitten, daß er mithilft, den Krieg zu beenden. Wenn über 50% von uns hier auf der Erde Frieden wollen, werden wir Frieden haben. Wenn mehr als 50% von uns keinen Krieg mehr wollen, dann werden die Kriege, die Kämpfe und der Haß aufhören. Wäre das nicht gut?

Gott sagt, wir sollen all die schlechten Gefühle hinter uns lassen und anfangen, an Gutes zu denken. Wenn wir wissen, warum wir jemanden bekriegen wollen, warum wir jemanden hassen, warum wir jemanden nicht lieben, dann können wir es ändern, nicht wahr?

Wir können es zumindest versuchen, oder etwa nicht? Wie tun wir das also? Setz dich hin und entspanne dich. Atme ein paarmal tief ein und aus und atme dabei alle negativen Gedanken aus. Wenn du schön entspannt bist, denk an alle die Menschen, die du wirklich liebst! Denk an die Menschen, ohne die du *nicht* leben möchtest. Denk an die Menschen, die dich lieben, und denk daran, wie schrecklich es wäre, wenn sie auf einmal nicht mehr da wären. Wäre es nicht furchtbar, wenn sie plötzlich tot wären, tot, in einem Krieg umgekommen! Einem sinnlosen Krieg! Nun, brauchen wir Krieg? Nein, nein, und nochmal nein!

Gott möchte, daß uns klar wird, daß die Welt heutzutage voller Krieg ist – es gibt kaum einen Ort auf der Welt, wo nicht irgendein kleiner Krieg stattfindet: Bürgerkriege, Kriege zwischen verschiedenen Völkern, Verbrechen und sogar Krieg zwischen Mann und Frau. Krieg gegen Kinder, Krieg gegen Eltern, Krieg gegen die Schule, Krieg gegen alle möglichen Dinge! Warum? Weil wir nicht genug lieben, darum!

Wenn wir beschließen, daß Liebe der bessere Weg ist, dann können wir beginnen, die Samen der Liebe zu säen, die wachsen und wachsen und immer viel mehr Liebe zu uns zurückbringen, als wir ausgesät haben. Wenn uns klar wird, daß Haß uns nur noch viel mehr Haß zurückbringt, warum säen wir dann Haß? Was ist wohl besser? Das weißt du natürlich.

Krieg auf Erden ist destruktiv. Krieg auf Erden bringt Haß, und Krieg auf Erden tötet unsere Mitmenschen. Krieg ist nur ein Spiel für einige wenige Leute. Ein Kriegsspiel ist natürlich ein schlechtes Spiel, das immer damit endet, daß alle verlieren. Wenn ein Kriegsspiel zu gewinnen wäre, wäre das etwas anderes. Was heißt gewinnen? Gewinnen bedeutet, etwas Gutes zu erhalten, der Beste zu sein, nicht wahr? Einen Krieg zu gewinnen, bedeutet jedoch nur, auf sinnlose und traurige Weise viele Leben zu verlieren. Und was ist mit all den Menschen, die zurückbleiben? Sie sind voller Trauer und auch voller Haß, weil ihre Lieben sinnlos getötet wurden.

Nun, manche Menschen finden den Krieg gar nicht sinnlos. Manche von uns sind überzeugt, daß das, was in ihrem Land geschieht, einem guten Ziele dient. Ist das wirklich so? Ist es ein gutes Ziel, ein Land voller Haß, voll zerstörter Städte und trauriger Menschen zu haben?

Gott möchte, daß wir alle glücklich sind. Die Kriege in dieser Welt dienen überhaupt nicht dazu, uns alle glücklich zu machen. Statt dessen würden wir uns besser damit beschäftigen, zu lieben und anderen jede Menge Liebe und Licht zu schenken. Gott wirkt vollkommen anders auf dieser Welt als durch Krieg. Krieg erschafft schlimme Dinge. Warum versuchen wir nicht lieber, Frieden zu schließen? Ja, Gott möchte, daß wir mit all unseren Mitmenschen Frieden schließen. Wir sollen sofort aufhören, Krieg zu führen, und statt dessen Frieden schließen. Frieden auf Erden und für alle Menschen ist das, was Gott möchte. Er sandte uns seinen eingeborenen Sohn, damit wir das ewige Leben haben und um uns in Zeiten der Not und Trauer, der Einsamkeit und Dunkelheit und Versuchung zu helfen. Wir brauchen nur den richtigen Weg für uns zu finden, den Weg, der uns zu Gott führt, den Weg, der uns zu unserem wahren Ziel im Leben bringt.

Gott sagt, wir sind hier auf der Erde, um das zu lernen und um zu glauben und zu vertrauen – aber nicht den Krieg! Krieg ist das Schlechte der Erde, Liebe ist das Gute!

Vertraue, und Liebe und Frieden werden dir gegeben werden. Wenn wir sehen, was Kriege dieser Welt angetan haben und noch immer antun, dürften wir eigentlich überhaupt keinen Zweifel mehr haben, wie wir unsere Lebensweise verändern sollen. Wir brauchen nicht zu warten, bis die Erde völlig zerstört ist und es keine Kriege mehr geben kann.

Fang in deinem eigenen Heim an! Beginne in deiner Familie! Fange da an, wo es am naheliegendsten ist! Fange da an, wo du weißt, daß du mehr Liebe in dein Leben bringen kannst. Gib deinen Feinden die Hand und entschuldige dich. Sag ihnen, daß du nicht mehr kämpfen willst. Sag ihnen, daß du keine schlechten Gefühle mehr haben möchtest, sag ihnen, daß ihr beide versuchen solltet, einzulenken und zu sehen, wie ihr es besser machen könnt. Sieh, ob ihr beide versuchen könnt, euch Raum zu geben. Weißt du, jeder hat seine eigene Meinung, beide sind so verschieden, daß die Meinungen einfach von Natur aus verschieden sind. Wir sollten uns darüber im Klaren sein. Warum soll nicht jeder seine Meinung haben? Schmerzt es dich denn, wenn jemand anders denkt als du? Wirklich? Mußt du kämpfen, damit der andere derselben Meinung ist wie du?

Gott findet das nicht! Laß alle Menschen ihre eigenen Gedanken, Ideen und Meinungen haben, laß sie tun, was sie wollen, und ihr eigenes Leben führen. Nimm die Leute an, wie sie sind, und lerne, sie zu lieben. Ja, nimm sie an, wie sie sind, denn jeder von uns ist ein Individuum. Es gibt auf der Erde nicht zwei, die gleich sind. Stell dir vor, die Bevölkerung der Erde ist so groß, aber nicht eine Person ist wie die andere! Wir finden vielleicht zwei, die ähnlich aussehen, aber sie sind völlig verschieden in ihrer Art, in ihrem Denken und Glauben. Laß ihnen ihre Verschiedenheiten! Laß ihnen ihre Eigenart, es macht sie zu einer vollständigen Person! Auch sie haben ihr Ziel im Leben und sollen geliebt werden. Jeder von uns ist es wert, geliebt zu werden, jeder von uns ist es wert, geachtet zu werden, und jeder von uns soll danach streben, eins zu sein mit der universellen Energie!

Gott sagt also, daß wir alle einander einfach lieben sollen. Wäre das nicht eine wunderbare Welt? Es wäre ein wirkliches Paradies, wenn wir alle einander und auch die Erde lieben könnten.

Wenn wir dies erreichen, können wir alle in Frieden und Harmonie zusammen leben!

Dies ist das Ende der heutigen Botschaft.

Elfte Botschaft

In dieser Botschaft geht es um das *Nein*! Es ist eine spezielle Botschaft von Erzengel Michael, der sich immer um uns kümmert, wenn wir krank sind. Wir sind dann in seiner besonderen Obhut, denn es ist seine Aufgabe, dafür zu sorgen, daß wir entweder wieder gesund werden oder zu Gott eingehen. Er ist der Engel, der immer in den Krankenhäusern ist, der immer da ist, wenn jemand „stirbt", das heißt, zu Gott eingeht. Er ist auch der Engel, der auf unserem Weg zu Gott bei uns bleibt, wenn unsere Seele den Körper verlassen hat und durch den weißen Tunnel aus Licht auf dem Weg zu Gott ist. Wir sehen immer einen weißen Tunnel aus Licht und empfinden ein wunderbares Gefühl der Liebe, wenn wir auf dem Weg zu Gott sind. Diese Liebe ist eine vollkommen reine Art von Liebe, die es nur bei Gott gibt. Es ist eine Liebe, die wir alle tief in uns haben. Wir alle wissen, wie sie ist, und wir alle sehnen uns im Grunde danach. Wir wissen, wonach wir uns sehnen – nach der tiefsten Liebe von allen, der Liebe Gottes, der uns geschaffen hat und mit dem wir eins sind oder sein wollen!

Wenn uns klar wird, daß Gott uns wirklich liebt, können wir uns dieser wahren, echten Liebe öffnen, und dann sind wir in der Lage, diese Liebe auch zu fühlen, als ob unser Herz platzen wollte. Wenn wir auf dieser Bewußtseinsebene sind, sind wir eins mit Gott. Wir sind fähig, Liebe zu spüren, Liebe zu geben. Wir können Liebe annehmen und Liebe verschenken. Wir senden immerfort Strahlen der Liebe aus, die die Herzen derer öffnet, denen wir begegnen. Wir wissen ganz spontan, daß wir alles und jeden Menschen lieben und daß wir Teil der Natur sind und eins mit uns selbst und mit der Energie des Universums.

Gott sagt, um von all dieser Liebe zu wissen, brauchen wir nichts anderes zu tun, als sie einfach in unser Herz einzulassen. Wir brauchen lediglich unser Herz öffnen und sie annehmen, dann können wir alles mit anderen Augen sehen.

Wir können sehen, wie die Welt funktioniert, wir können die Geschöpfe sehen, die Pflanzen, die Tiere und all die Menschen, welche alle diese universelle Energie in sich haben und sie auch sehen können. Tiere haben dieselbe Seele in sich wie wir, daher sind auch sie fähig, diese Höhe des Bewußtseins zu erreichen. Es ist auch so, daß Tiere krank werden können, wenn sie in Seele, Körper oder Geist eine Disharmonie haben, genau wie wir.

Gott sagt, daß wir deshalb krank werden, damit wir eine Gelegenheit bekommen, zu erkennen, warum wir krank geworden sind. Dann können wir unsere Lebensweise ändern oder das in unserem Leben, was die Krankheit überhaupt erst verursacht hat. Es ist eine Art der inneren und auch der äußeren Reinigung. Wir können eine Krankheit immer als Gelegenheit zur Besserung betrachten. Wir brauchen nie auf dem Weg zu bleiben, auf dem wir uns befanden, als wir krank wurden. Wenn du krank bist, dann setz dich hin und denke darüber nach, was du ändern willst. Setz dich hin, entspanne dich, atme tief und laß alle die negativen Gedanken und Gefühle heraus, die in dir sind. Alle Negativität kann ausgeatmet werden. Jetzt kannst du mit dir ins Reine kommen und Frieden finden. Du entspannst dich, denkst an nichts, alle Gedanken können weggeschickt werden! Alles, was dir in den Sinn kommt, kann wieder weggeschickt werden, dafür ist später noch Zeit! Jetzt können wir also darüber nachdenken, was uns krank gemacht hat. Hast du dich vielleicht über etwas geärgert? Hast du mit jemandem gestritten? Hast du einen schlechten Tag gehabt? Spürst du Haß in dir, oder bist du vielleicht gar boshaft oder neidisch oder hast hinter dem Rücken eines anderen schlecht über ihn gesprochen? Wenn du so etwas tust, kommt es auf dich zurück. Es kommt genauso zurück, wie du es ausgesandt hast! Genau dasselbe geschieht, wenn du etwas Falsches über jemanden sagst; es fällt hart auf dich zurück.Es kommt auf dich zurück, damit du siehst, daß du niemandem etwas Schlechtes antun sollst! Wenn du das jetzt weißt, besteht kein Grund, es wieder zu tun. Du sollst auch nicht über andere tratschen. Laß die Menschen ihr eigenes Leben leben; sie sind liebenswert, so wie sie sind. Das ist es, was wir lernen sollen! Wenn wir das lernen, merken wir bald, daß es sehr viel besser für uns ist. Was tun wir also, wenn jemand schlecht von uns spricht? Nun, ärgere dich nicht. Wenn es stimmt, was sie sagen, dann können sie reden, wenn es nicht stimmt, fällt es hart auf sie zurück. Es fällt auf eine Weise auf sie zurück, die ihnen klar macht: „Ich hätte das nicht sagen sollen, jetzt bezahle ich dafür." Aber das müssen sie zuerst erkennen! Wenn wir also über jemanden sprechen, sollten wir darauf achten, nichts Boshaftes oder Falsches zu sagen. In Gottes Augen ist das nicht in Ordnung!

Wenn es uns also gelingt, „nein" zu uns selber zu sagen und unsere Zunge im Zaum zu halten, dann ist das das Beste, was wir tun können! Es ist das Beste für uns, denn dann wissen wir, daß wir nicht auf irgendeine Weise dafür „bestraft" werden. Es ist das Beste für uns, weil wir wissen, daß es ein wunderbarer Tag sein wird und daß wir uns für nichts zu schämen brauchen, was wir gesagt oder getan haben! Wir wissen, daß wir reinen Herzens und Gemütes sind, und wenn wir auch im Geiste rein sind, dann werden wir insgesamt ein glücklicher, zufriedener Mensch sein. Wenn uns das gelingt, können wir auch diejenigen um uns herum beeinflussen, die im Bewußtsein noch nicht ganz so weit sind. Wir müssen kein anderer Mensch werden, als wir sind, wir brauchen nur unser Bewußtsein auf die Ebene Gottes zu bringen – leicht gesagt, aber auch ziemlich leicht getan!

Wenn es uns gelingt, „nein" zu uns selbst zu sagen, sind wir immer irgendwie zufrieden, weil wir genau das Richtige tun. Wir wissen, daß Gott uns dafür liebt, und wir wissen, daß uns wieder ein Engel dabei geholfen hat, ein besserer Mensch zu sein. Wenn wir ein besserer Mensch werden, wissen wir, daß auch die Welt bald besser sein wird!

Gott würde sich so freuen, wenn wir uns ein wenig änderten und ein wenig mehr darauf achteten, was wir tun und sagen. Wir können nie genug daran denken, ein guter Mensch zu sein. Es ist, als ob wir uns dadurch ganz viel Gutes aus dem Himmel ausborgen, das wir für uns selbst behalten dürfen. Wir haben nichts zu verlieren, aber ungeheuer viel zu gewinnen!

Wenn du also das nächste Mal mit jemandem sprichst, bei einer Tasse Kaffee vielleicht oder beim Tee, dann fang bitte, bitte nicht an, über jemand anderen herzuziehen. Es ist nicht richtig. Wenn jemand etwas Falsches tut, dann laß ihn. Es ist nicht dein Problem, nicht wahr? Er wird seinen Preis dafür zahlen. Er wird eines Tages wissen, was er falsch gemacht hat. Dasselbe gilt für Kriminelle. Laß sie, sei nicht wütend auf sie, verurteile sie nicht, überlaß es Gott, was mit ihnen geschieht.

Wenn wir sehen können, daß Gott allen das zukommen läßt, was sie verdient haben, lernen wir sehr viel über uns und können Gott unser Herz öffnen. Und dann sind wir für alle anderen von großem Nutzen. Sie bemerken, daß du anders bist, sie sehen, was du tust, und daß es nicht richtig ist, jemanden schlechtzumachen! Wenn du also mit gutem Beispiel vorangehst, kannst du sicher sein, daß andere ihm folgen werden.

Gott sagt, wir alle können das tun. Es ist nicht schwer, zumindest viel leichter als wir denken. Wir können sehr viele andere Dinge tun, statt schlecht über andere zu reden, nicht wahr? Wir können zum Beispiel wirklich beginnen, den Menschen, mit dem wir sprechen, kennenzulernen. Was genau geht in ihm oder ihr vor? Was denkt er oder sie über dies und jenes? Wann wird er oder sie wiederkommen? Wir können einen guten Freund oder eine gute Freundin gewinnen, wäre das nicht schön? Wenn wir einander also lieben können, einander helfen und rücksichtsvoll und freundlich zueinander sind, dann werden wir auch Freunde finden.

Gott sagt, „nein" zu sagen, bedeutet auch, daß wir „nein" sagen, wenn wir etwas nicht tun *wollen*. Vielen Menschen fällt das sehr schwer. Sie meinen, sie müßten immer helfen, sie müßten immer da sein, wenn jemand in Not ist, sie müßten immer für die Kinder, für die Eltern, für die Arbeit und dies und jenes da sein. Manchmal ist „nein" zu sagen das Beste, was wir tun können, wenn wir zu diesem Zeitpunkt auch wirklich „nein" meinen. Nur wenn wir etwas wirklich tun wollen, können wir es von ganzem Herzen und mit ganzer Aufmerksamkeit tun. Nur dann ist es richtig, nur dann sind wir glücklich damit. Nur dann bleiben wir dabei gesund. Wenn du etwas nicht willst, dann sag einfach „nein", das ist alles, es ist keine weitere Entschuldigung erforderlich.

Wenn du also weißt, was du willst, dann tu es einfach. Wenn du weißt, daß es richtig ist, dann wird alles andere ganz einfach daraus folgen. Wirklich, versuche es nur. Wenn es natürlich das Falsche ist, dann merkst du es schon. Was sagt uns das?

Nun, wir müssen darüber nachdenken, was das Richtige ist. Das können wir ganz leicht, wenn wir uns einfach die Zeit nehmen und genau bedenken, was wir tun! Weißt du, Gott weiß ganz genau, was gut und was schlecht für uns ist. Er weiß genau, was wir brauchen und warum wir irgend etwas nicht schaffen, was wir gerne schaffen würden! Warum versuchen wir also nicht einfach, darauf zu hören?

Wenn etwas schief geht, gibt es immer einen Grund dafür!

Gott sagt, dies ist das Ende der heutigen Botschaft ♡

Zwölfte Botschaft

Das Thema der heutigen Botschaft ist – *Licht*! Licht ist unsere einzige Rettung in der Dunkelheit. Wenn es hell ist, können wir sehen; wir können sehen, wenn das Licht auf alles scheint.

Woher kommt das Licht? Es kommt von der Sonne. Die Sonne strahlt ihr Licht auf den Planeten Erde, und er wird davon erhellt. Wenn die Nacht kommt, geht die Sonne unter und es wird dunkel, deshalb brauchen wir anderes Licht. Wir brauchen Kerzenlicht oder elektrisches Licht oder eine Gaslaterne oder was wir sonst noch haben. Dann können wir wieder sehen. Wir können in der Dunkelheit nur sehen, wenn etwas leuchtet. Wenn wir im Dunkeln sind, sehen wir nichts! Wenn wir also in der Nacht kein Licht hätten, wären wir nicht in der Lage, etwas zu sehen!

Dann müßten wir uns mit der Dunkelheit abfinden. Viele von uns fürchten sich in der Dunkelheit. Warum wohl? Warum haben viele Menschen Angst im Dunkeln? Weil sie nichts sehen, weil sie ihren Weg nicht finden können, oder weil sie glauben, ganz allein zu sein. Warum fühlen sie sich so? Vielleicht deshalb, weil sie der Tatsache, daß wir niemals allein sind, keinen Glauben schenken. Vielleicht weil sie nicht daran glauben, daß sie von innen von himmlischem Licht erleuchtet sind.

Gott ist voller Licht. Wenn wir das sagen, dann meinen wir damit, daß Gott die Dunkelheit mit seiner Liebe erhellt, sein Weg ist immer erleuchtet, um den Menschen zu zeigen, welchen Weg sie gehen sollen. Wenn es dunkel ist, leuchtet Gottes Licht hell, selbst wenn es kein Licht in dem Sinne ist, wie wir es kennen. Wie können wir uns das klarmachen? Wir können sehr viel tun, um das herauszufinden.

Zuallererst könnten wir uns einmal hinsetzen, die Augen schließen und an Dunkelheit denken, an pechschwarze Finsternis, die uns ringsum umgibt, ohne den allergeringsten Lichtschimmer. Stell dir vor, es wäre immer so. Stell dir vor, wie es wäre, wenn wir ständig in der Finsternis leben würden! Was würden wir tun? Vielleicht wären wir Gott dann ein ganzes Stück näher, was meinst du? Vielleicht würden wir anfangen zu beten, daß er uns ein wenig Licht geben möge, damit wir sehen können?

Warum tun wir das nicht auch, wenn wir sehen können, wenn wir nicht die ganze Zeit im Dunkeln leben? Wenn wir Gott um Licht bitten, schickt er uns einen Engel, der uns das Herz öffnet. Mit offenem Herzen haben wir keine Angst mehr, wir fürchten uns nicht mehr und können so darauf vertrauen, daß wir jetzt noch im Dunkeln sind, es aber bald hell werden wird.

Es ist dasselbe, wenn du in Schwierigkeiten steckst, wenn du traurig, einsam, neidisch, deprimiert, krank oder sonst etwas bist, das dich aus der Harmonie mit dir selbst wirft. Wir sitzen dann gewissermaßen im Dunkeln, und wir können wieder ans Licht kommen, wenn wir Gott bitten, uns einen Engel zu schicken, der uns den Weg zeigt!

Worauf wartest du also? Wäre das nicht viel besser, als im Dunkeln zu sitzen? Ich glaube schon!

Was geschieht also, wenn wir Gott bitten, uns einen Engel zu schicken? Uns wird gezeigt, was wir tun können, um ein besserer Mensch zu sein, wir sehen, was zu tun ist, und wie wir unsere wahren Gefühle zeigen können, die nur wahre Liebe, Verständnis und Harmonie sind. Wir können sie anderen weitergeben, die außer sich sind, und dann sehen wir, wie auch sie gewissermaßen „heller" werden.

Tatsächlich ist es in gewisser Weise wirklich so, denn wir können lernen zu sehen, wie Menschen tatsächlich heller werden, wie ihre

Aura heller wird und sich ausweitet. Es ist, als ob man das Licht anschaltete - wirklich so, als hätten wir eine Glühbirne in uns. Sie geht an, wenn wir der Lichtenergie Gottes gewahr werden und sie annehmen. Wir werden wirklich zu helleren Menschen voller Liebe und Licht, voll strahlender Energie, die ständig auf alle und alles scheinen kann.

Wir nehmen diese Energie wirklich wahr, wenn wir „strahlenden" Menschen begegnen, denn es scheint Energie von ihnen auszugehen, als wären sie randvoll mit der Energie und Freude des Lebens und wollten, daß jeder es sieht. Denke einmal an irgend jemanden, den du kennst, der so ist! Es ist schön, nicht wahr, es ist ansteckend, und es tut gut, so jemanden um sich zu haben! Worauf wartest du also noch?

Bitte Gott gleich jetzt, dir einen Engel zur Hilfe zu senden. Du brauchst nur zu ihm zu beten, mit geschlossenen oder offenen Augen, laut oder leise, das ist egal. Gott hört immer.

Wenn wir das tun, geht es uns immer sehr bald besser. Es wird uns viel über uns selber klar. Wir lernen und wir sehen sehr viel und lieben sehr viel mehr. Wir lernen, unsere Liebe zu geben und Liebe zu empfangen, unsere Liebe zu zeigen und Liebe anzunehmen.

Wäre das nicht schön? Gott möchte es so. Wenn du Hilfe in der Not brauchst, dann bitte auf jeden Fall um einen Engel!

Hiermit endet die Botschaft.

Dreizehnte Botschaft

Diese Botschaft kommt von Erzengel Michael und handelt von *Kreativität* und davon, etwas für andere zu tun!

Zuerst einmal: Was ist Kreativität? Kreativität bedeutet immer, daß du durch ein Talent, das du hast, etwas tust oder hervorbringst. Dieses Hervorbringen ist auch ein Akt, der dich Gott näher bringt, denn Gott ist immer da, um demjenigen, der etwas erschafft, dabei zu helfen. Wenn du dir nun vorstellen kannst, daß diese kreative Handlung ein Teil der göttlichen Energie ist, die dir geschickt wird, damit du anderen etwas Gutes tun kannst, dann kannst du dir vielleicht auch vorstellen, daß es ein besonderes Geschenk ist, wenn du etwas gibst, das mit Gottes Energie erschaffen wurde!

Viele Dinge können ein spezielles Geschenk Gottes sein. Musik zum Beispiel, Kunst, auch Schreiben, auch Lieben oder wenn du es kannst: Nähen, Stricken oder sonst etwas Handwerkliches, oder sogar wenn du auf irgendeine Weise, die dir gefällt, etwas ganz, ganz Kleines machst! Wenn du schöpferisch bist, bist du Gott näher. Du bist den Engeln näher, die dir helfen, alles zu machen. Siehst du, die Engel helfen dir, genau das zu erkennen, was du bist. Manche Menschen sind sehr begabt, manche sagen, sie haben zwei linke Hände. Manche machen etwas, manche machen nichts. Wenn etwas getan wird, dann sind die Engel da und haben die Fäden in der Hand, um dir zu helfen. Wenn du also jemandem einen Gefallen tun möchtest, dann mache etwas wirklich Hübsches für ihn oder sie! Es ist auch ein Geschenk von Gott. Es braucht nicht teuer und nicht kompliziert zu sein. Ein Geschenk ist ein Geschenk, und es soll einfach Freude bereiten. Jedes Geschenk ist ein Geschenk, und es soll mit Liebe gegeben werden. Dann wird es auch in Liebe entgegengenommen, und die Liebe bleibt dabei, die Liebe bleibt bei demjenigen, der es empfängt, der damit auch Licht und Liebe empfängt! Wenn du also eine Idee hast, dann mach dich ans Werk!

Gott sagt, wir können sehr viel Liebe, Licht, Energie und Heilung geben, wenn wir etwas schenken, das mit Gottes Energie gemacht ist, mit schöpferischer Energie! Sachen aus Papier, Holz, Wolle oder Stoff sind viel netter als irgendwelche Plastiksachen. Es ist *immer* besser, Sachen aus natürlichen Materialien zu machen und zu verschenken.

Natürliche Dinge haben die Energie der Erde, die Energie Gottes in sich. Alles Natürliche hat seine eigene Energie, die Schwingungen ausstrahlt. Jeder Stein, jeder Baum, jede Pflanze, jedes Tier hat seine eigene Energie, und wenn wir etwas aus natürlichen Materialien herstellen, hat es die natürlichen Schwingungen in sich. Wenn es uns gelingt und wir es jemandem zum Geschenk machen, dann verschenken wir Energie, Liebe und Licht und tragen damit sehr viel zur Heilung bei, zur Heilung dessen, der es bekommt, zur Heilung der Erde und auch zur Heilung des ganzen Universums! Denk darüber nach! Wenn du jemandem etwas schenken möchtest, dann überleg dir, was am besten wäre – etwas aus Plastik oder etwas aus einem natürlichen Material – aus Ton, aus Holz, aus Wolle, aus Stoff oder sogar Blumen. Es ist nie falsch, eine Pflanze zu verschenken, es ist nie falsch, im Garten einen Blumenstrauß zu pflücken. Die Blumen sind dazu da, den Menschen auf diesem Planeten Harmonie, Freude, Licht und Liebe zu bringen. Gott hat die Pflanzen und Blumen zu diesem Zweck erschaffen und natürlich auch, damit sie uns als Nahrung dienen. Zumindest einige der Pflanzen bilden einen Teil der Nahrung der Tiere und Menschen. Wenn wir von diesen natürlichen Pflanzen, Gemüsen, Blüten oder Früchten essen, tun wir etwas Gutes. Die Erde bringt diese Dinge für uns hervor, um uns gesund und glücklich zu erhalten. Es tut uns gut, viel frisches Obst und Gemüse zu essen, wenn möglich, aus der näheren Umgebung, wenn möglich, organisch gezogen – ohne Pestizide und chemische Düngemittel! Was hält uns davon ab, das zu tun? Wenn wir Fleisch und Fisch essen, sollten wir dem Tier zuerst für seine Gabe an uns danken und es dann essen und es uns gut schmecken lassen! Das Fleisch sollte auch aus einer kontrollierten Tierhaltung kommen und nicht voller Chemikalien und Pestizide stecken. Diese Dinge tun unserem Körper nicht gut.

Unser Körper ist das Haus der Seele. Unsere Seele kommt von Gott und ist reines Licht und Energie. Das ist wirklich so. Unsere Seele ist rein wie ein kleines Baby und voller Liebe und Licht. Wenn wir einem Baby Nahrung von schlechter Qualität geben, wird es automatisch „weniger rein" und weniger erfüllt von Liebe und Licht. Wenn wir gutes Obst und Gemüse, Körner und Fleisch essen, bemerken wir den Energieunterschied, der in uns hineinkommt! Wir bemerken, daß uns das, was wir essen, sehr viel mehr Energie gibt – Gottes Energie!

Nun, denken wir darüber nach und versuchen wir es. Es ist einen Versuch wert!

Wenn wir bessere Menschen werden wollen, sollten wir wirklich versuchen, unseren Körper so rein wie möglich zu halten. Das schließt auch Alkohol, Drogen und Zigaretten aus, genauso wie Zucker und Kochsalz und vieles, für das wir eine Sucht entwickelt haben – schlechte Gewohnheiten und dergleichen sind nur Methoden, mit denen wir uns selbst davon ablenken, rein zu werden. Sie sind da, um uns zu zeigen, was wir brauchen. Nägelkauen bedeutet zum Beispiel, daß wir ein wenig natürliche Liebe und Licht von jemandem brauchen, der uns nahe ist - Aufmerksamkeit also. Wenn also jemand Nägel kaut, bedeutet das, daß er mehr Aufmerksamkeit und Liebe braucht. Wenn jemand ein spezielles Kuscheltier hat, dann ist auch das ein Ersatz für Liebe! Das ist natürlich nicht schlecht, aber es immer ein Zeichen, daß etwas Natürliches fehlt, das dieser Mensch braucht. Denke also bitte zuerst an die natürlichen Dinge auf der Erde, bevor du dich den synthetischen Dingen zuwendest, die nur von Menschen gemacht sind.

Dasselbe gilt für die Gentechnologie. Gott will nicht, daß wir mit Menschen, Pflanzen und Tieren herumexperimentieren. Wenn er es wollte, dann hätte er uns alle gleich gemacht, aber es ist wichtig, daß wir alle verschieden sind. Es ist wichtig, daß wir alle unsere Verschiedenheiten haben, denn Gott möchte uns so. Wenn wir alle gleich wären, hätten wir alle dieselbe Energie und würden einander nicht ergänzen. Wir wären wie zwei Negativ-Ionen, die nicht glücklich miteinander leben können, sondern immer danach trachten, sich abzustoßen. Jeder von uns hat seine eigenen Stärken und Schwächen, jeder seine eigene Energie und Kraft. Jeder von uns hat seine eigenen Talente und schöpferischen Energien. Geklonte Wesen sind nicht so. Was sind sie also? Ein aus einer Zelle geklonter Mensch hat die Energie aus einer Zelle und auch das Gehirn aus einer Zelle und das Wissen aus einer Zelle, die Liebe und das Licht aus einer Zelle und das Wesen aus einer Zelle. Die ganze Information eines Menschen existiert *tatsächlich* in dieser einen Zelle, aber das ist nicht das, was wichtig ist. Wichtig ist, was von Gott kommt. Wichtig ist die universelle Energie in einem Menschen und wichtig ist die Stärke dieser Energie. Das ist es, was einen guten oder einen schlechten Menschen ausmacht. Wichtig ist auch, wofür dieser Mensch gemacht ist, was er im Leben sein, tun und denken soll. Ein geklonter Mensch hat keinen Sinn für Gott, denn er wurde nicht von Gott gemacht, sondern von den Menschen. Die Seele in dieser geklonten Person ist nicht von Gott gesandt.

Wenn wir das wissen, wissen wir auch, was wir tun sollen – nämlich so natürlich wie möglich leben, so natürlich wie möglich essen, uns so natürlich wie möglich kleiden und so natürlich wie möglich sein. Um anziehend zu sein, brauchen wir nur voller Licht und Liebe zu sein – mehr nicht! Noch soviel Make-up, noch soviel Falschheit wird einen Menschen nicht verbessern, der keine Liebe und kein Licht in sich hat! Das ist wirklich so. Ein Mensch, der aus sich heraus leuchtet, strahlt von selbst, strahlt hundertmal mehr Energie aus als ein Mensch, der kein Licht und keine Liebe in sich hat! Das ist wirklich wahr!

Warum versuchen wir also nicht, uns auf natürliche Weise schöner zu machen? Wir müssen Gott nur bitten, uns einen Engel zu schicken! Sie helfen uns immer! Sie helfen uns immer, das tun sie wirklich! Sie erschaffen eine bessere Welt für uns, für unsere Kinder und für unsere Kindeskinder!

So sollten wir es sehen, so sollten wir wirklich anfangen zu denken: an unsere Kinder und Kindeskinder. Wie wird es für sie sein?

Mit diesem Gedanken im Kopf können wir alle versuchen, die Erde besser zu behandeln. Wir können natürliche Materialien verwenden und weniger Plastik. Wir können versuchen, kreativ zu sein und die Talente zu benutzen, die uns gegeben worden sind. Wir können diese Talente dazu benutzen, die Erde ein bißchen besser zu machen, auch wenn es nur ein winziges bißchen ist. Wir können so viele Menschen glücklich machen, wie wir können, sei es durch Gesang, Musik, Kunst, Holzarbeiten, Stricken, Nähen, Töpfern oder was auch immer! Versuche es einfach! Wenn du es nicht kannst, dann fang einfach an, mach einen Kurs! Versuche es! Es gibt immer etwas, was du tun kannst!

Dies ist das Ende der heutigen Botschaft.

Vierzehnte Botschaft

Diese Botschaft ist von *allen Engeln*. Sie senden uns ganz viel Liebe, Licht, Energie und Heilung und möchten uns wissen lassen, daß sie immer bei uns sind und daß wir immer in Kontakt mit ihnen treten können. Wenn du Hilfe brauchst, ist es egal, was für eine Hilfe!

Gott sagt, daß wir auf viele, viele Weisen Hilfe von den Engeln bekommen. Sie helfen uns bei unserer täglichen Arbeit, sie helfen uns, bessere Menschen zu sein, sie helfen uns, geistig zu wachsen, sie helfen uns, besser zu essen, besser zu schlafen, gesund zu werden, einander zu lieben, Gutes zu sehen und wunderbare Menschen zu sein. Sie sind da, wenn wir sie brauchen, und sie helfen *immer*. Sie helfen, wenn wir sie darum bitten, und auch, wenn wir sie nicht darum bitten, denn dann bittet Gott sie, etwas zu tun.

Wenn wir Hilfe nötig haben, brauchen wir nur Gott darum zu bitten! Alle Engel gehorchen Gott, und sie alle wollen gerne Gottes Befehle ausführen. Sie alle wünschen, daß wir bessere Menschen sein können – das ist ihr Ziel! Sie möchten, daß wir so sind wie sie – voller Liebe, Licht, Energie und Heilung, voll von vielen anderen Eigenschaften – Harmonie und Frieden und völlig ohne Sorgen und Kümmernisse. Engel können fliegen, weil sie so leicht sind – sie haben nicht das Geringste, das sie belastet. Sie können kommen und gehen, wie sie wollen.

Wenn sie uns behüten und leiten wollen, dann können sie um uns herum fliegen und dafür sorgen, daß nichts um uns ist, das uns schaden kann. Sie können um uns herum fliegen und dafür sorgen, daß wir das Richtige tun, daß wir gute Menschen sind.

Wenn sie sehen, daß wir in Gefahr sind, können sie eingreifen. Sie können uns zurückhalten oder das aufhalten, was gerade geschehen will, um uns zu schützen. Sie können uns auch Liebe und Licht wünschen, uns segnen und dafür sorgen, daß das, was wir tun, nicht schadet. Das tut uns nicht weh! Wir werden jeden Tag viele, viele Male von den Engeln gesegnet!

Wir wissen immer, daß für uns gesorgt wird. Wir wissen immer, daß wir nie allein sind. Es ist immer ein Engel bei uns. Wir werden immer beschützt, denn wir sind Gottes Kinder, und wir wissen immer, daß wir gesegnet sind, denn Gott und seine Engel lieben uns sehr.

Gott möchte uns wissen lassen, daß das wirklich wahr ist. Er möchte, daß wir sehr viel Vertrauen haben können, sehr viel Glauben und sehr viel Liebe. Er möchte, daß wir keine Angst haben, daß wir gesund sind und bessere Menschen. Da Gott uns liebt, möchte er, daß wir alle mit ihm sind. Er zählt jeden Einzelnen von uns und ist traurig um jeden, der nicht mehr bei ihm ist. Wir sollen versuchen, zu besseren Menschen zu werden, um anderen zu zeigen, daß sie auf dem falschen Weg sind. Wenn wir die Absicht haben, uns zu bessern, bekommen wir ganz von selbst einen Engel, der uns dabei hilft! Der Engel leitet und beschützt uns, hilft uns auf unserem Weg und bleibt bei uns, bis seine Aufgabe erfüllt ist. Wir haben immer verschiedene Engel, je nachdem, was wir gerade brauchen. Wir alle haben einen Engel, der uns bei dieser oder jener Aufgabe hilft, und auch einen Schutzengel, der von unserer Geburt an bis zu der Zeit, wo wir wieder zu Gott zurückkehren, bei uns bleibt. Dieser Engel ist unser ganzes Leben lang bei uns, ganz gleich, ob wir gut oder schlecht oder was auch immer sind. Er ist immer da, um uns zu leiten und zu behüten, und er wird auch bei uns sein, wenn wir im Himmel sind. Er ist im Bad bei uns, im Bett, im Wohnzimmer, draußen und auch beim Schwimmen oder Fliegen! Die Engel sind immer da.

Auch andere Rassen von anderen Planeten haben Engel. Wir alle sind Geschöpfe Gottes, wir alle sind von Gott gemacht. Selbst manche Tiere haben Engel und auch manche Pflanzen, Bäume und Blumen, aber nicht alle! Gott sendet die Engel dorthin, wo sie gebraucht werden oder wo sie erbeten werden. Gott schickt sie überall hin, wo es etwas für sie zu tun gibt.

Wenn die Engel ihre Aufgabe gut machen, werden sie von Gott geehrt. Es ist also ein gegenseitiges Geben und Nehmen: wenn wir mit Hilfe eines Engels etwas erreichen, bekommt der Engel einen höheren Rang! So können wir wirklich zusammenarbeiten!

Zusammenarbeit bedeutet, daß wir eins sein können mit uns selbst, eins mit Gott, eins mit der universellen Energie. Eins zu sein bedeutet, daß wir von Harmonie, Liebe, Licht und Energie erfüllt sind, auch heilender Energie. Du kannst andere mit den Energiewellen heilen, die du aussendest. Du kannst Menschen eine große Hilfe sein, wenn du ein Mensch voller Licht bist! Du kannst den Menschen um dich herum eine große Hilfe sein, wenn du „eins" mit dir selbst bist!

Warum beginnen wir also nicht gleich heute, zu sehen, daß wir keinen Grund zum Weinen haben – bitte, nur Freudentränen! Und wir haben auch keinen Grund, einsam oder traurig zu sein, neidisch oder trotzig oder sogar ein bißchen schlecht.

Gott sagt, die Engel werden uns helfen. Sie geben uns Ohren, zu hören, Augen, zu sehen, Hoffnung, wenn wir sie brauchen, Energie, wenn wir keine haben, selbst Liebe, wie wir sie verdienen. Ja, wir alle brauchen Liebe!

Deshalb sollen wir versuchen zu glauben! Versuche es gleich heute und laß dich von den Engeln verzaubern! Laß heute etwas ganz Wunderbares geschehen. Laß die Engel dein Herz öffnen, laß ihre Liebe ein und laß dir auch von ihnen sagen, was du tun kannst, um die Erde zu retten. Wir alle müssen ein bißchen besser werden. Es gibt immer etwas, das wir tun können, immer etwas, das wir etwas besser machen können. Vielleicht können wir einem Menschen helfen oder auch einem Tier und immer ein wenig mehr Licht, ein wenig mehr Liebe, ein wenig mehr Energie und Heilung für uns gewinnen!

Deshalb also sollen wir einen Engel bitten! Versuch es einfach!

Dies ist das Ende der Botschaft für heute von Gott und seinen Engeln. Wir lieben euch alle. ♡

Fünfzehnte Botschaft

Diese Botschaft heute kommt von Erzengel Michael und handelt davon, *andere in unser Denken einzuschließen.*

Gott sagt, wir sollen alle und jeden in unser Denken einschließen. Warum? Weil wir dann freundlich, liebevoll und hilfreich sind und heilen können. Wenn du nur an dich selbst denkst, bist du sehr egozentrisch und egoistisch.

Andere in dein Denken einzuschließen heißt, ein guter Mensch zu sein, bedächtig, hilfreich und ein guter Freund. Das heißt nicht, daß du endlos immer nur geben sollst, nein, es heißt, daß du versuchen sollst, dich in die Lage der anderen hineinzuversetzen und zu sehen, was sie brauchen, was sie möchten oder lieben. Nun, wie macht man das?

Wir können zuallererst sehen, was absolut nötig ist. Ein Mensch braucht Liebe, und ein Mensch braucht ein wenig Licht von Gott und ein wenig Achtung von seinen Mitmenschen. Dann fühlen wir uns gut! Wenn wir diese Liebe nicht haben, dieses Licht, diese Achtung und auch Freunde, dann fühlen wir uns meistens ziemlich ausgeschlossen, traurig, einsam oder auch gelangweilt. Nun, wir können doch hinausgehen und etwas für jemand anderen tun, nicht wahr? Wir können versuchen, ein wenig mehr an andere zu denken, anstatt dazusitzen und ständig um uns selber zu kreisen, nicht wahr?

Dann empfangen wir sehr viel Liebe, Licht, Energie und Heilung von Gott und jenen, denen wir helfen. Wir sind nie zu „gut", um damit zu beginnen, nie zu „gut" für andere Menschen. Schätze dich nie höher ein als irgend jemand anderen. Du bist genau wie sie. Es kommt nicht darauf an, ob du mehr Geld hast, einflußreicher bist, mehr Lebensraum besitzt oder sonst etwas, das ist wirklich nicht wichtig!

Wer braucht denn vielleicht deine Hilfe? Dein Nachbar? Ja? Fang mit denen an, die dir am nächsten sind. Braucht irgend jemand in deiner Familie Hilfe? Deine Mutter, dein Vater, deine Geschwister, dein Sohn, deine Tochter, deine Großeltern, Tanten, Onkel oder sonst jemand? Nun? Weißt du überhaupt, ob sie Hilfe brauchen? Hast du Zeit, ihnen zu helfen? Ja? Oder bist du zu sehr damit beschäftigt, denen zu helfen, für die du arbeitest? Bist du zu sehr mit dir selbst beschäftigt? Bist du zu „gut", um ihnen zu helfen? Brauchst du nicht selbst auch manchmal Hilfe? Nein? Nun, hoffentlich nicht!

Wenn du es also nicht schaffst, jemandem zu helfen, dann wirst du wahrscheinlich selst auch nie Hilfe bekommen! Du kannst nur Fremden helfen und nicht deiner eigenen Familie? Warum kannst du nur deinen Freunden helfen, aber deiner Familie nicht? Wieso? Denk einmal darüber nach, wer vielleicht sehr, sehr glücklich darüber wäre, deine Hilfe in Anspruch zu nehmen. Vielleicht kannst du dann beginnen. Und bitte, auch wenn dir jemand helfen möchte, kehre ihm nicht den Rücken und sage: Nein!

Johannes der Täufer half Gott, indem er Jesus den Weg bereitete, der auf die Erde kam, um uns zu erlösen. Moses half uns allen, indem er auf den Berg Sinai ging, um die zehn Gebote in Empfang zu nehmen. Gott hilft uns, indem er seine Engel auf die Erde schickt, die sich um alles kümmern, was wir brauchen. Die Engel helfen uns, indem sie uns immer auf unserem Weg beistehen und immer mit uns sind, um uns zu leiten und zu behüten!

Gott sagt, an andere zu denken, bringt viel Freude in unser Leben. Wir bekommen alles zurück, was wir geben. Wenn wir jemandem helfen, bekommen wir sehr viel Liebe zurück. Wenn wir nicht helfen, bekommen wir keine Liebe zurück! Was ist wohl besser? Was hättest du gerne?

Denk einmal darüber nach, was du heute tun könntest! Wer braucht ein wenig Hilfe, ein wenig Liebe, ein wenig Aufmunterung oder auch ein wenig Hilfe bei dem, was er zu tun hat? Nun? Ich bin sicher, es gibt jemanden! Ich bin sicher, daß du irgendwo anfangen kannst.

Es ist sehr gut, an andere zu denken. Wenn du dir sagst, du hast keine Zeit, kein Geld, kein Interesse zu helfen, dann einfach deshalb, weil du nicht erkennst, wie gut es dir tun würde, wenigstens zu sagen, ja, ich *möchte* dir helfen, von ganzem Herzen!

Es ist leicht! Versuch's einfach. Versuche heute, jemanden glücklich zu machen, versuche, irgendwo ein großes Glück zu schaffen! Nun?!!!

Gott möchte so gern, daß wir bessere Menschen werden und damit ein wenig dazu beitragen, daß die Erde ein besserer Platz zum Leben wird. Gott möchte, daß wir beginnen, den Planeten zu heilen, auf dem wir leben. Mit seiner Hilfe können wir es schaffen! Bitte höre auf diese Worte, sonst ist es womöglich bald zu spät! Bitte fang heute an!

Dies ist das Ende der heutigen Botschaft. ♡

Sechzehnte Botschaft

In dieser Botschaft, die von Erzengel Michael kommt, geht es um *Selbstsucht.*

Selbstsucht ist etwas, das Gott nicht wünscht. Selbstsucht ist das, was uns mit Trotz, Haß und Neid erfüllt und was uns einsam macht. Selbstsucht läßt uns allein mit uns selber sein und nicht offen für andere. Es ist eine schlechte Seinsweise und überhaupt nicht das, was Gott für uns möchte! Wenn Gott uns selbstsüchtig wollte, dann würden wir uns gut fühlen, wenn wir selbstsüchtig sind, aber wir fühlen uns nicht gut damit! Wir fühlen uns voller Haß, und es macht uns einsam, weil wir anderen nichts geben und nicht mit ihnen teilen. Nein, es ist überhaupt nicht nett, selbstsüchtig zu sein! Es ist nicht die richtige Art.

Nun, Gott möchte uns ja auch nicht selbstsüchtig. Was können wir also tun? Wir können uns in einem gemütlichen Sessel niederlassen und einmal darüber nachdenken, warum wir eigentlich selbstsüchtig sind. Warum wollen wir etwas nicht mit anderen teilen? Ist es zu gut, zu wertvoll, zu kostbar, ist zu wenig davon da? Nun, wie ist es? Und warum können wir jemand anderen nicht glücklich machen? Was ist der Grund?

Wenn wir also herausgefunden haben, was der Grund ist, dann können wir vielleicht beschließen, etwas dagegen zu tun? Oder? Fühlen wir uns jetzt in der Lage zu teilen? Oder immer noch nicht?

Teilen ist etwas, das wir alle lernen sollten. Manchen von uns fällt es leichter als anderen. Teilen ist wirklich etwas Wunderbares. Es erfüllt uns mit Gottes Liebe. Es macht uns glücklich, weil es jemand anderen glücklich macht. Und wenn wir jemand anderen glücklich machen – so ist das kosmische Gesetz – kehrt das Glück zu uns zurück! Die Liebe kehrt zu uns zurück! Warum willst du das nicht?

Warum solltest du an weltlichen Dingen festhalten? Du kannst sie nicht mitnehmen, wenn du zu Gott gehst. Es sind all die irdischen Dinge, die uns selbstsüchtig machen, nicht die göttlichen, himmlischen wie Liebe, Freude, Zufriedenheit, Gottes Energie, Gesundheit und Gottes Liebe. Dies sind keine Dinge, die wir in Töpfen verschließen und mit in den Himmel nehmen können, nein, wir haben sie in unserem Herzen, es sind Dinge, die ganz natürlich von Gott kommen. Es sind die einfachen Dinge im Leben, die uns glücklich machen, nicht die materiellen Dinge wie Geld, ein Haus, ein Auto oder ein Motorrad oder ein schönes Schmuckstück, eine gute CD oder ein gutes Spiel.

Nun, wenn uns das bewußt wird, dann verstehen wir, daß wir die materiellen Dinge ruhig mit den anderen teilen können, wenn sie jemanden glücklich machen!

Wird es dich also glücklich machen, wenn du selbstsüchtig bist? Was meinst du? Nein, das wird es nicht!

Versuche deshalb, dich zu öffnen und zu geben. Versuche, dich der Möglichkeit zu öffnen, daß du teilen kannst! Fang an, ein besserer Mensch zu sein! Versuche zu sehen, daß andere Menschen wichtiger sind als die weltlichen Güter. Andere Menschen können dir soviel mehr geben, als weltliche Güter! Gottes Liebe ist soviel größer, als irgend jemand von uns sich jemals vorstellen kann. Gott möchte, daß wir eins mit ihm sind und immer in Kontakt mit seiner immerwährenden Liebe bleiben. Nur dann sind wir vollkommen in Harmonie mit der Natur und mit uns selbst, mit Gott und der Liebe zur Menschheit. Nur dann sind wir ganz gewiß nicht selbstsüchtig. Die meisten Menschen sind selbstsüchtig, ohne zu bemerken, daß sie es sind. Bist du selbstsüchtig?

Gott sorgt dafür, daß uns niemals etwas fehlt! Er sorgt dafür, daß wir nie in Not sind. Wenn wir ihm vertrauen, gibt er uns immer, was wir brauchen! Er zeigt uns auch, was in unserem Leben nicht in Ordnung ist, was wir besser machen können.

Kannst du heute einen Engel bitten, dir zu helfen? Tue es! Sie sind da, um uns zu helfen und zu leiten. Sie möchten, daß wir glücklich sind, voller Lachen und voller Freude. Sie möchten, daß wir überhaupt keine Sorgen haben. Los, bitte einen Engel!

Dies ist das Ende der heutigen Botschaft. ♡

Siebzehnte Botschaft

In dieser Botschaft geht es um die *Konzentration auf das tägliche Leben*. Sie ist von Erzengel Michael.

Gott sagt, wir sollten versuchen, uns so gut wie möglich auf unsere täglichen Arbeiten zu konzentrieren. Das, was wir tun, ist vielleicht nicht immer sehr angenehm, aber wenn es uns gelingt, es mit ganzem Herzen zu tun, dann geht es ganz gewiß um so schneller, so daß wir Zeit für andere, angenehmere Dinge gewinnen. Wohin gehen wir, wenn wir uns vergnügen wollen? Gehen wir zu Freunden, ins Kino, in die Disko, in die Kneipe, in die Kirche oder sonstwohin? Wir sollen uns zu Hause ebenso sehr vergnügen können wie irgendwo anders. Wir sollten in der Lage sein, die Füße hochzulegen und wirklich Vergnügen an etwas zu finden – an Lesen, Musikhören, einer kreativen Tätigkeit oder auch einfach nur daran, faul zu sein und tagzuträumen. All das ist wunderbar, aber manche von uns sind nicht imstande, zu Hause zu bleiben und sich zu entspannen. Sie sind immer auf Achse, immer auf der Suche nach etwas, neuen Anregungen, neuen Erfahrungen, neuen Leuten, neuen Dingen, die sie tun können, oder neuen Orten. Wenn du so bist, dann setz dich einmal hin und frage dich, warum. Entspanne dich einfach, atme ein paarmal tief durch, laß all die negativen Gedanken aus dir ausströmen, und versuche zu sehen, warum du so ruhelos bist! Warum mußt du unbedingt ausgehen und die Nummer 1 sein? Warum mußt du unbedingt beweisen, daß du größer oder besser bist oder ein witzigerer Freund als andere? Warum fühlst du dich nicht „zuhause“, wenn du zuhause *bist*? Warum mußt du davonlaufen? Warum fällt dir die Decke auf den Kopf, wenn du daheim bleibst?

Weißt du, warum? Gott sagt, es ist deshalb, weil du nicht „eins“ mit dir selber bist. Du hast nicht genug göttliche Energie in dir, nicht genug Liebe, Licht und Heilung, um durch und durch von Harmonie, Frieden und Zufriedenheit erfüllt zu sein.

Wenn du siehst, daß es nur das ist, was dich ewig auf der Suche nach Neuem hält, dann glaube bitte Gott: Du hast jetzt gefunden, wonach du gesucht hast. Du kannst dich jetzt am Abend hinsetzen, die Füße hochlegen und vollkommen zufrieden sein. Das wäre doch schön, oder? Oder meinst du, es wäre langweilig? Wenn du die Liebe Gottes in dir hast, ist es *nie* langweilig! Du langweilst dich nur, wenn du die Liebe Gottes *nicht* in dir hast! Wie schaffst du es also, diesen inneren Frieden zu erlangen? Öffne dein Herz, nimm Gott in dir an, und die Engel werden alles Übrige tun. Echt, es ist ganz leicht! Es ist viel leichter, als aufzustehen und in die Disco zu gehen! Es geschehen plötzlich wunderbare Dinge, du merkst, daß du ja Freunde *hast*, und daß du voll innerer Harmonie, voller Frieden, Liebe, Licht, Kraft und Heilung sein *willst*.

Wenn du das tust, wird es dein Leben verändern, denn du wirst ganz von selbst ein besserer Mensch, dein Leben wird viel lebenswerter, und du wirst deine Zeit viel glücklicher und gesünder verbringen. Wenn du voller Liebe, Licht, Kraft und Heilung bist, werden die anderen natürlich auch davon angesteckt. Es wird ihnen auch helfen, und es wird dazu beitragen, die Welt zu heilen, sie zu einem besseren Ort für dich und mich und alle Menschen zu machen.

Wenn wir voller Liebe und Licht sind, können wir uns auf unsere täglichen Aufgaben konzentrieren, denn wir haben immer Hilfe dabei. Gott möchte, daß wir Zeit für uns selber haben, wo wir uns ausruhen, entspannen, glücklich und kreativ und voller Freude sind. Deshalb sorgt er dafür, daß wir Zeit für uns haben!

Er schickt uns Engel, die uns bei unserer Hausarbeit und den anderen Arbeiten helfen! Wenn wir also wie der Wirbelwind im Haus herumfegen und im Handumdrehen mit allem fertig sind, dann wissen wir: Aha! Wir hatten Helfer! Ganz ehrlich, glaub' mir, das ist wahr!

Nun, wäre es nicht schön, so zu sein? Komm, tu's: bitte einen Engel um Hilfe!

Dann können wir uns wahrhaftig auf jede Minute eines jeden Tages freuen, auf jede Stunde, jeden Tag, jedes Jahr, tatsächlich jedes Jahrzehnt, denn wir sind sicher, daß es ganz super sein wird!

Dies ist das Ende der heutigen Botschaft! ♡

Achtzehnte Botschaft

Die heutige Botschaft ist von Erzengel Gabriel und handelt von *Liebe*. Liebe ist etwas ganz Wunderbares. Sie ist das, was jeder von uns wirklich braucht.

Liebe bekommst du von deiner Frau oder deinem Mann, eine andere Liebe bekommst du von deiner Mutter oder deinem Vater, noch eine andere Liebe kommt von deinen Kindern und wieder eine andere von deinen Freunden, und deine Haustiere und Nachbarn hegen noch eine andere Liebe für dich. Wann nehmen wir Liebe wahr? Wenn wir sie bekommen, natürlich! Und wann bekommen wir Liebe? Wenn es uns auch gelingt, Liebe zu geben! Und wann geben wir Liebe? Wenn wir diese Energie von Gott spüren. Gott gibt uns soviel Liebesenergie und macht uns auch fähig, Liebe zu empfangen. Es ist wichtig, denn ein universelles Gesetz, ein Gesetz des Himmels besagt, daß wir geben und nehmen müssen. Das ist ein und alles – es gibt nicht nur eine Seite, sondern zwei – Geben und Nehmen, Geben und Empfangen. Empfangen und Lieben und das Beste und Wichtigste, Lieben und Geliebt werden.

Wenn Gott uns also jemanden lieben läßt, wird unsere Liebe erwidert. Sie kehrt zu uns zurück, weil alles um uns her diese Liebesschwingung zurücksendet, die wir aussenden!

Bekommst du Liebe? Dann gibst du auch welche! Nicht? Dann gibst du nicht genug davon? Setz dich hin und entspanne dich und denk einmal darüber nach, wen du liebst. Wen liebst du? Mach dir eine Liste! Mach dir eine lange Liste und versuche, alle aufzuschreiben, die du liebst, auch Tiere und sogar Pflanzen. Laß materielle Dinge, wie zum Beispiel ein Auto, jedoch aus, denn ein Auto kann dir keine Liebe zurückgeben. Es kann dir höchstens ein wenig Befriedigung im Leben verschaffen, aber keine Liebe. Wenn du also deine Liste liest, dann denk daran, wann du das letztemal jemandem von deiner Liste von Menschen, Tieren oder Pflanzen Liebe geschenkt hast. Wann war das? Nun, was hältst du davon, ihnen *heute* ein wenig Liebe zu schenken? Falls du mit irgendeiner Person auf deiner Liste Streit hast, dann schließe Frieden! Wäre es nicht nett, dein Herz zu öffnen und noch ein paar winzige Tröpfchen mehr Liebe hereinzulassen? Es würde dir doch so ein schönes, warmes und zufriedenes Gefühl geben, oder nicht?

Hartherzigkeit ist genau das, was das Wort aussagt – es bedeutet wirklich, ein hartes Herz zu haben! Und möchtest du etwa hartherzig sein? Nein, die meisten von uns möchten nicht hartherzig sein! Deshalb öffne dein Herz und laß ein wenig mehr Liebe und Licht herein! Es ist wichtig für deine Gesundheit, für dich selbst und für dein gesamtes Wohlbefinden! Wenn wir unser Herz öffnen, öffnen wir es für Gott, und wir lassen Liebe und Licht ein, die uns helfen, bessere Menschen zu sein, einander zu lieben und die Welt zu heilen.

Wie können wir denn unser Herz öffnen? Nun, setz dich einfach hin und entspanne dich. Atme alle negativen Gedanken aus. Versuche, alle Gedanken beiseite zu schieben; sie haben Zeit bis später. Jetzt lausche auf deinen Atem, wie er kommt und geht. Es ist dein ganz eigener Ton, niemand sonst hat diesen Atemton, nur du allein. Und jetzt denke an die Sonne, an eine leuchtende, strahlend gelbe Sonne. Spüre die Wärme auf deinem Gesicht, auf deinem Haar und deinem Körper, als ob du am Strand liegen würdest. Schau in den Himmel hinauf, in den klaren blauen Himmel. Das Blau ist ganz intensiv, es ist ein strahlender blauer Tageshimmel. Jetzt lausche den Wellen am Strand, sie kommen und gehen wie dein Atem und wie alles in der Natur kommt und geht, wie Frühling, Sommer, Herbst und Winter kommen und vergehen, wie Menschen geboren werden und sterben, wie Blätter an den Bäumen wachsen und wieder abfallen.

Nun laß die Menschen in dein Herz ein, die du liebst, jeden einzelnen von ihnen. Hast du ihre Gesichter vor dir? Versuche, sie dir vorzustellen! Versuche, ihre Augen zu sehen! Versuche zu sehen, wie sie lächeln, und halte dieses Bild einen Moment lang fest – nimm sie in die Arme! Ja, stell dir einfach vor, daß du sie ganz fest und liebevoll in die Arme nimmst. Das ist schön, oder?

Dabei hast du ganz von selbst dein Herz geöffnet! Es ist gar nicht schwer, oder? Nein, im Gegenteil, es ist ganz, ganz leicht! Mach das mindestens einmal am Tag und du wirst viel glücklicher und gesünder sein und ein viel besserer,liebevollerer Mensch, der sehr viel Liebe zurückerhält!

Es ist wirklich nicht schwer, los, versuch's doch einfach mal! Du kannst es tun, wenn du in der Badewanne liegst oder wenn du abends nicht einschlafen kannst, versuch es einfach!

Warum öffnen wir unsere Herzen nicht immer? Nun, manchmal hat sich unser Herz verschlossen, weil wir negative Gefühle darin behalten haben: Haß, Trotz, Neid, Wut oder auch Wut auf uns selbst, weil wir etwas gesagt oder getan haben, oder vielleicht hat dich auch jemand verletzt! Das kann schon als Kind gewesen sein! Aber es ist nie zu spät, dein Herz zu öffnen und allen zu vergeben. Jeder bekommt, was er verdient, aber nicht durch uns, sondern durch Gott. Warum sollen wir also die Menschen nicht so lieben, wie sie sind? Warum sollen wir sie nicht lieben, wo sie doch alle Liebe brauchen? Es macht wirklich keinen Unterschied, was sie getan haben, es ist ganz gleich! Deshalb versuche, zu vergeben und zu vergessen, und liebe einfach!

Wenn wir jemanden lieben, bekommen wir mehr Liebe zurück, als wir gegeben haben. Das ist immer so, genauso, wie wir ernten, was wir gesät haben. Wir können ein paar Samenkörnchen aussäen und ernten viele Pflanzen, die uns noch viel mehr Samen bringen. Mit der Liebe ist es genau dasselbe, wir bekommen immer mehr zurück, als wir gegeben haben. Das ist ein universelles Naturgesetz. Ehrlich, Gott hat es so eingerichtet. Wir können also immer sicher sein, daß wir geliebt werden, wenn wir auch lieben. Nein, wir bekommen sogar noch viel mehr Liebe zurück als wir geben!

Gott möchte, daß wir lieben; es ist für jeden Menschen wichtig, freundlich und liebevoll zu sein. Es ist wichtig für uns und alle anderen, für unsere Kinder, für ihre Kinder und für die Erde! Heile die Welt, mach sie zu einem besseren Ort für dich und mich und die ganze Menschheit.

So ist es in der Welt. Liebe und werde geliebt, gib und empfange, heile und werde geheilt, säe und ernte, und wir werden eins mit uns selbst, mit der Natur, mit Gott und der Energie des Universums sein!

Dies ist das Ende der heutigen Botschaft von Gabriel.

Neunzehnte Botschaft

Diese Botschaft kommt von allen Engeln, besonders aber von Michael, und handelt von *Fürsorglichkeit.*

Für jemanden zu sorgen bedeutet, gut zu ihm zu sein, sich gut um ihn zu kümmern, nach ihm zu schauen, ihm zu helfen, darauf zu achten, daß ihm körperlich und geistig nichts fehlt. Du gibtst diesem Menschen Nahrung, Liebe und alles, was er braucht. Sorgst du so für jemanden?

Ja? Nun, das ist gut. Nein? Nun, vielleicht würde es dir guttun, für jemanden zu sorgen! Warum? Weil du dich dann wirklich gut fühlen würdest! Sind deine Kinder schon zu groß oder nicht da? Siehst du nicht, daß du auch für viele andere sorgen kannst, außer für die Kinder? Setz dich einmal hin und überlege dir, für welchen Menschen du zuletzt gesorgt hast! War das erst kürzlich, oder ist es schon lange her? Es wäre wunderbar, wenn das noch nicht lange her wäre! Aber wenn es schon lange her ist, dann ist es jetzt vielleicht Zeit, wieder einmal für jemanden zu sorgen.

Wann du das tun sollst? Nun, am besten bald! Für wen? Das weißt du sicher selbst am besten! Denk darüber nach, wer deine Fürsorge brauchen kann – deine Eltern, deine Freunde, dein Nachbar? Überleg dir einfach, wer etwas brauchen könnte, und dann fang an! Geh einfach hin und frage, was du tun könntest! Geh und schau, was getan werden muß – vielleicht muß der Einkauf erledigt oder staubgesaugt werden, vielleicht braucht jemand ein wenig Gesellschaft, oder du kannst für ihn oder sie etwas kochen. Wäre es nicht nett, jemandem zu helfen? Ja, Gott sagt, es wäre sehr nett. Es wäre auch für dich sehr gut, genausogut wie für den Menschen, der deine Fürsorge braucht.

Bitte lache nicht darüber! Das ist überhaupt nicht zum Lachen; es ist ganz ernst gemeint. Die Engel wissen, daß wir für gewöhnlich nicht aus freien Stücken für andere sorgen, denn normalerweise sind wir viel zu sehr mit uns selbst beschäftigt. Wir sehen gar nicht ein, warum wir uns um jemanden kümmern sollten. Es gibt die Institutionen, die Sozialarbeiter und die Versicherung, um nur ein paar zu nennen, die sich um Menschen kümmern, die es brauchen, aber diese Menschen stecken oft nicht viel Liebe in ihre Arbeit, denn es ist meist nur eine Arbeit für sie, mit der sie Geld verdienen. Natürlich gibt es auch gute Seelen unter ihnen, die wirklich fürsorglich sind. Aber das sind nicht alle, und ehrlich gesagt, sehen die Engel alles, was vor sich geht, und sie wünschen sich, daß diese Menschen wirklich mit etwas mehr Herz bei der Sache wären. Sie sind es nicht, weil sie vielleicht nicht verstehen, wieso sie es überhaupt sein sollten. Sie möchten sich vielleicht nicht zu sehr mit den Menschen „verstricken" , für die sie sorgen sollen. Vielleicht wollen sie auch nicht sehen, warum sie mehr tun sollten als das, wofür sie bezahlt werden. Aber genau da fängt echte, herzliche Fürsorge an. Wenn wir uns um jemanden kümmern, schenken wir ihm ein wenig von unserer Zeit, ein wenig Liebe, ein wenig Licht, ein wenig Energie und ein wenig „Heilung".

Es ist nicht schwer, uns hinzusetzen und mit jemandem zu reden, und es ist auch nicht schwer zu sehen, daß sie dich dafür lieben oder daß ein Lächeln einen ganzen Tag erhellen kann. Bitte, nehmt es nicht übel, daß die Engel euch das sagen, aber sie sehen genau, was vor sich geht. Sie wissen genau, warum die Leute es nicht schaffen, sich wirklich von Herzen um jemanden zu kümmern! Sie wissen genau, warum manche von uns einfach kein Interesse an anderen Menschen haben! Wenn du also siehst, warum wir uns um andere kümmern sollten, dann bitte, bitte, tu etwas dazu! Nimm dir ein bißchen Zeit, um mit jemandem zu teilen, der etwas braucht, nimm dir ein bißchen Zeit, um jemandem zu helfen, genauso wie die Engel all denen helfen, die Hilfe brauchen. Die Engel werden entweder von Gott gesandt, um den Menschen zu helfen, oder sie kommen, wenn wir sie bitten. Wir können sie jederzeit rufen und sie sind für uns da.

Es gibt für alles einen Engel, für absolut alles, was du dir vorstellen kannst. Wenn du also Hilfe brauchst, bitte einfach darum. Bitte, indem du laut oder leise in dich hinein sagst, daß du einen Engel brauchst oder dir wünschst, einen Engel, der dir zu Hilfe kommt. Der Engel wird kommen. Die Engel sind immer um uns herum! Und glaube uns, es sind sehr viel mehr Engel da, als es Leid auf der Erde gibt. Sie warten nur darauf, daß wir sie rufen, denn dann können sie helfen! Sie versuchen, uns mit dem zu helfen, was wir uns wünschen und mit dem, was wir brauchen. Sie geben uns immer, was das *Beste* für uns ist, nicht immer das, was wir *wollen*. Wenn jedoch das, was wir uns *wünschen*, das ist, was das *Beste* für uns ist, dann bekommen wir es auch. Denk daran, nur Gott weiß, was das Beste für uns ist. Er weiß, daß wir das manchmal nicht verstehen - oder erst Jahre später. Deshalb versuche, zu akzeptieren, daß das, was dir geschieht, zum Besten ist. Es ist wirklich so!

Wenn du dir etwas wünschst, dann wünsche es mit ganzem Herzen, mit jeder Faser deines Körpers und Gemüts! Das ist ein universelles Gesetz Und das ist es, was uns mit Gott verbindet, wenn wir etwas wünschen. Dann lassen wir den Wunsch immer los. Sage niemals: „Ich krieg' das ja sowieso nicht." Das nimmt den Wunsch zurück! Wenn du dir also etwas wünschst, dann los, wünsche es dir wirklich!

Wenn du weißt, daß du etwas brauchst, dann bitte Gott einfach darum. Er wird uns nie im Mangel lassen. Er gibt uns immer genug zu essen, zu trinken und zum Anziehen, ein Dach über dem Kopf – wenn wir darum bitten! Wenn wir nicht darum bitten, wird es uns nicht gegeben, und man kann doch jederzeit bitten, nicht wahr?

Bitte einen Engel – sie sorgen für uns, sie leiten und beschützen uns. Bitte einen Engel durch Gott!

Dies ist das Ende der heutigen Botschaft von den Engeln und besonders von Michael, dem Erzengel, der uns in seinem Herzen hält! Uns alle!!! ♡

Zwanzigste Botschaft

Das Thema dieser Botschaft ist das *Übel*; sie kommt von allen Engeln, besonders von Erzengel Metatron. Gott sagt, das Übel beherrscht die Welt, und die Erde wird sterben, wenn wir uns nicht klarmachen, daß soviel Übel nicht gut für den Planeten Erde ist.

Wenn wir von Übel sprechen, was ist das dann eigentlich? Es ist die andere Macht auf diesem Planeten, die Macht, die das genaue Gegenteil von Liebe, Licht, Energie und Heilung ist. Das Übel läßt uns schlecht zu uns selber sein und schlecht zu unseren Mitmenschen, es erfüllt uns mit schlechter Energie, mit Dunkelheit, Krankheit und Haß. Haß macht uns krank, krank im Kopf, im Körper und im Geist. Wir werden ganz und gar destruktiv und zerstören uns selbst und alle anderen und die Erde dazu. Gott möchte nicht, daß das geschieht. Nein, er möchte uns voller Liebe, Licht, Energie und heilender Kraft, wenn wir hier auf der Erde sind. Dann haben wir das Paradies, das Gott uns ursprünglich geschenkt hat. So sollen wir leben, so hat Gott es uns gezeigt – nicht in Dunkelheit oder Krankheit, nicht in Sorgen oder Zweifeln, in Angst, Panik oder sogar Verderbtheit. Wir sollten uns ein wenig fragen, was genau eigentlich dieser Tage auf der Welt vor sich geht! Man denke nur an all die Korruption, an all die Krankheit auf der Welt, an all den Hunger und Schmerz, an Folter, Zerstörung, Krieg und Verheerungen durch Naturkatastrophen. Man überlege einmal, was wir mit den Atomkraftwerken anrichten, mit all den Waffen, mit den zusammengeballten Wohngebieten, mit all den unnatürlichen Dingen, in denen wir leben, die wir tragen, die wir essen, sehen und tun! Gott will all das nicht! Er möchte, daß wir ein natürliches, gutes Leben führen, ein Leben voller Freude, Frieden und Verständnis, ohne Gifte und unnatürliche Dinge um uns herum, ohne Schlechtigkeit und Übel. Warum können wir das nicht schaffen?

Wir können uns zuerst einmal gemütlich hinsetzen und uns vorstellen, wie es wäre, wenn wir im Paradies lebten – wenn wir in Frieden auf dieser Erde leben würden – ohne alles Leid, ohne Hunger, ohne Schmerz, ohne Krankheit, ohne Schlechtigkeit und Verbrechen, wenn man nirgendwo einen schlechten Film anschauen könnte, wenn es keinen Platz gäbe, wo man ein schlechter Mensch sein kann! Nun, würdest du an einem solchen Ort nicht leben wollen? Sag nicht, daß es nicht möglich ist! Es *ist* möglich, und wir alle sollten heute damit beginnen, etwas dazu zu tun, indem wir einfach bei uns selbst anfangen. Wenn wir zuallererst an uns selbst arbeiten, können wir den anderen um uns herum sehr viel Freude bereiten und zu ihrer Heilung beitragen, denn unsere eigenen Schwingungen von Kraft und Liebe, von Licht und Heilung stecken die anderen an. Wir können ganz ehrlich sagen, daß wir damit allen anderen um uns herum helfen.

Wenn wir in Gottes Licht leben können, sind wir ganz von selbst in einen „Lichtmantel" gehüllt, der uns vor Übel beschützt. Das Übel kann dann nicht so schnell an uns heran wie gewöhnlich. Versuchung lauert wirklich überall. Selbst Jesus wurde in Versuchung geführt, als er auf diesem Planeten war. Er wurde viele, viele Male versucht, aber er konnte der Versuchung widerstehen. Er wollte nicht in die Hände der Kräfte des Übels fallen. Er wollte niemandem schaden. Er hatte keinen schlechten Gedanken, er tat nichts Böses, er war keinem menschen gegenüber falsch und sagte nie ein böses Wort. Er war immer voller Liebe und Licht, voller Kraft und Heilung, und wir können uns Jesus als gutes Beispiel dafür nehmen, wie wir sein könnten. Ja, wir *können* so sein, wie

Jesus auf der Erde war. Wir *können* ebensovoll von Liebe, Licht, Kraft und Heilung sein wie er. Wir können es *wirklich*.

Wenn wir uns ein Ziel setzen, können wir es erreichen. Zumindest können wir es versuchen. Deshalb mache dir bitte ein Bild von der Güte Jesu, unseres Herrn Sohn. Denke an ihn. Was hätte er an deiner Stelle getan? Er ist immer unter uns, um uns zu helfen. Er hat es versprochen. Bitte ihn! Bitte einen Engel! Bitte Gott! Wir können wirklich immer um Hilfe bitten, wenn wir nicht weiterkommen. Wir können sehr viel besser werden, als wir im Moment sind, wir können ganz neue Horizonte von Frieden, Harmonie und innerer Zufriedenheit errreichen und auch neue Horizonte der Liebe. Wir können viel nettere Menschen werden! Würde dir das nicht gefallen? Wärst du nicht gern so voller Liebe und Licht und Kraft und Heilung? Bitte, denk darüber nach und schau, was du tun könntest. Fang im Alltag an. Kannst du sehen, wo du etwas freundlicher, liebevoller, aufmerksamer und fürsorglicher sein könntest? Wo könntest du ein wenig Gutes tun? Vielleicht kannst du dir auch nur jeden Tag fünf Minuten Zeit nehmen und einfach etwas Schönes anschauen – eine Landschaft, ein paar Blumen oder irgendein wunderbares Tier? Gottes Liebe kommt aus all diesen Dingen zu dir. Sie werden dir bei deinen täglichen Aufgaben sehr, sehr helfen. Versuche, dir Zeit dafür zu nehmen. Versuche, dir Zeit dafür zu nehmen, darüber nachzudenken, wie du ein besserer Mensch werden kannst. Versuche, Liebe, Licht, Energie und Heilung im Sinn zu behalten.

Damit können wir alle zur Heilung des Planeten Erde beitragen. Wir können uns unseres Tuns bewußt werden, und wir können damit aufhören,wenn es der Erde nicht dient. Warum versuchen wir es nicht einfach? Das möchte Gott von uns. Wir sollen alle bessere Wesen werden, die das Übel aus ihrem Leben verbannen.

Wir können es und können sicher sein, daß unser guter Wille *immer* das Übel besiegt – *immer*. Im Himmel ist soviel Hilfe für uns, die nur auf uns wartet, darauf wartet, daß wir darum bitten, daß wir sie empfangen.Sie kommt nicht von selbst, wir müssen darum bitten, wir müssen unsere Herzen dafür öffnen, wir müssen sehen, daß das der richtige Weg ist, der bessere Weg!

Wenn wir das tun können, *werden* alle Engel Gottes zu unserer Hilfe kommen. Sie werden uns helfen, klarer zu sehen und in den Augen Gottes besser zu sein. Es wird uns allen zum Guten gereichen, ehrlich! Die Engel sind so voller Liebe, sie warten nur darauf, sie uns zu schenken – von Gott. Sie sind so voller Licht, daß sie im Dunklen leuchten, wie kleine Kerzen um uns herum. Sie sind immer da. Sie helfen uns immer, zeigen uns immer, was wir besser machen können, wie wir besser sein, besser essen, uns besser kleiden, besser lesen können, wie wir eins sein können mit der Natur, mit uns selbst, mit Gott, wie wir ein Volk sein können! Wir alle sind Brüder, alle sind verwandt. Wir kommen alle aus derselben Quelle. Aus Gott, von den ersten Menschen, Adam und Eva. Wir alle, rund um die Welt, sind Brüder. Wir alle haben dieselben Seelen – alle mit Gott verbunden. Alle Wesen sind von Gott gemacht, von dem einen Schöpfer, unserem Herrn im Himmel.

Also fang heute an und bringe dein Leben in Ordnung, setze dem Übel ein Ende, um die Erde und die menschliche Rasse zu retten und ebenso die Tiere und die Pflanzen, und bitte einen Engel, daß er dich dabei leitet!

So soll es sein und so wird es sein! Gott liebt euch alle und seine Engel ebenso. ♡

Einundzwanzigste Botschaft

Diese Botschaft handelt davon, *Energie von Gott zu nehmen und zu geben.* Sie kommt von Erzengel Michael.

Gott sagt, wir können Energie geben und nehmen. Stimmt, oder? Nun, wenn wir Energie geben, dann geben wir etwas weg. Wenn wir Energie nehmen, dann gewinnen wir etwas hinzu. Wenn wir Energie hinzugewinnen, ist das ganz unkompliziert: wir gewinnen Gottes Energie von ihm, indem wir einfach darum bitten. Wenn wir Energie geben, haben wir viel mehr zu tun. Wir haben vielleicht eine ganze Menge schlechter Energie in uns oder fühlen uns wegen irgend etwas nicht gut. Vielleicht sind wir traurig oder neidisch oder haben schlechte Laune. Auf jeden Fall brauchen wir dieses Gefühl nicht. Wir können es Gott einfach zurückgeben, zurück in den Himmel, in seine Hände, ins Licht. Wenn wir etwas ins Licht zurückgeben, geben wir Gott etwas zurück, das wir nicht haben wollen, das wir nicht brauchen. Wir geben ihm also etwas. Wir geben und nehmen. Wir können etwas, das wir nicht wollen, jederzeit zurückgeben, genau wie wir ein Geschenk zurückgeben können, das uns nicht gefällt oder das wir nicht brauchen können. Mit Gott ist es genau dasselbe. Er nimmt gerne und ohne weiteres alles zurück, was wir nicht haben wollen. Wenn es etwas Schlechtes ist, kann er es in etwas Besseres verwandeln, zum Beispiel ein schlechtes Gefühl in ein gutes, schlechte Laune in gute oder etwas Falsches, das uns krank macht, in etwas Besseres, wovon wir wieder gesund werden. Deshalb brauchen wir ein schlechtes Gefühl, ein Gefühl, das falsch für uns ist, nie zu behalten.

Du kannst dich also einfach hinsetzen und einmal darüber nachdenken, welches Gefühl du nicht mehr haben möchtest – es kann etwas ganz Schwieriges und Kompliziertes sein oder auch nicht!

Und jetzt stell dir einfach vor, daß du dieses Gefühl weggibst, wie ein Geschenk. Du wickelst es in Gedanken ein und bindest eine große Schleife darum, nimmst es in die Hände und streckst es Gott entgegen: „Lieber Gott, bitte nimm diese Gefühle, ich will sie nicht mehr. Bitte nimm sie und gib sie ins Licht und gib mir bessere dafür." Und dann stelle dir vor, daß Gott diese Gefühle von dir nimmt. Er wird bessere dafür geben, probier's aus!

Eine andere Art, wie du schlechte Gefühle loswerden kannst, ist folgende: Nimm dir Papier und Bleistift zur Hand und male zwei Kreise übereinander, wie eine große 8. Dann schreibe in den oberen Kreis die Gefühle, die du nicht mehr haben willst, und in den unteren die Gefühle, die du statt dessen haben möchtest... Wenn du fertig bist, setzt du deinen Stift genau in der Mitte an der Berührungsstelle der beiden Kreise an und zeichnest zuerst gegen den Uhrzeigersinn den oberen Kreis und dann, mit dem Uhrzeigersinn, den unteren Kreis nach, dann wieder den oberen usw. Der Kreis gegen den Uhrzeigersinn befreit dich von schlechter Energie und der im Uhrzeigersinn gemalte Kreis zieht gute Energie herbei. Das funktioniert wirklich! Wenn du also am Zähneknirschen bist und voll schlechter Energie steckst, dann probiere es aus! Wenn du ein paarmal die 8 gemalt hast, wirst du merken, wie die Energie fließt. Hab ein wenig Geduld und du merkst, wie es wirkt. Es wirkt tatsächlich!

Gott sagt, keiner von uns braucht mehr mit schlechten Gefühlen herumzulaufen. Es wird uns allen viel besser gehen, wenn wir sie los sind und dafür viel angenehmere Gefühle bekommen, und das ist es, was Gott für uns möchte! Fang heute an! Du wirst bald den Unterschied merken! Sehr bald wirst du sehen, wieviel angenehmer es ist, überhaupt keine schlechten Gefühle mehr zu haben. Du wirst sehen, daß du viel gesünder bist, du wirst nicht so schnell wütend und wirst immer ein Lächeln auf den Lippen haben. Auf diese Weise sendest du gute Schwingungen aus und gibst den anderen sehr viele Liebe, Licht, Energie und heilende Kraft! Wenn es dir gelingt, trägst du sehr viel zur Heilung der Erde bei!

Du kannst es so sehen: Wir sind alle Gottes Kinder und alle mit guter Stimmung geboren, mit jeder Menge Liebe und Licht und Energie – wir alle sind gänzlich frei von schlechter Energie, wenn wir geboren werden. Wir sind einfach unschuldige kleine Kinder. Wenn wir älter werden, fängt es an: Wir sollen dies und jenes tun, dies und jenes lassen! Wir fangen an, unangenehme Gefühle zu entwickeln, wir sehen, daß nicht alles ganz so leicht ist, wie wir es gerne hätten. Wir fangen an, uns aufzulehnen und die Dinge so haben zu wollen, wie es uns gefällt. Und da fangen die Schwierigkeiten an. Da haben wir auf einmal jede Menge schlechter Energien in uns, die wir vorher niemals hatten. Manche von uns wachsen sogar mit diesen schlechten Gefühlen auf. Manche von uns sind voller Haß, wenn sie groß und erwachsen sind. Das kann viele Gründe haben, aber wir können es ändern, wenn wir wollen. Vom Himmel gibt es immer Hilfe für uns. Gott hilft, seine Engel helfen, und auch auf der Erde gibt es viele Menschen, die uns helfen können. Sie können uns helfen, bessere Menschen zu sein. Das möchte Gott von uns, daß wir bessere Menschen werden!

Deshalb setze dich bitte ganz in Ruhe hin und überlege einmal, wie du bist und wie du gerne wärst! Gott hätte wirklich sehr gerne ein Kind, das ein gutes Kind ist, ein Kind voller Freude, voller Licht und Liebe und Kraft, genauso, wie wir waren, als wir geboren wurden!

Vielleicht kannst du also versuchen, mit dir ins Reine zu kommen!

Deshalb hat Gott seine Engel beauftragt, uns diese Botschaft zu überbringen, weil er uns sehr viel besser möchte. ♡

Zweiundzwanzigste Botschaft

In dieser Botschaft geht es um *Neid*, *Haß* und *Mißbrauch*. Sie kommt von Gott und seinem Erzengel Saraquell.

Haß, Neid und Mißbrauch sind leider die tagtäglichen Tatsachen des Lebens! Wir möchten gern gute Menschen sein, aber wir treffen jeden Tag auf Neid, Haß und Mißbrauch. Wir können kaum dagegen angehen! Wenn wir jedoch wissen, wie, dann ist das ohne weiteres möglich. Wir möchten ein „guter" Mensch sein, wir möchten Dinge wie Haß, Neid und Mißbrauch aus unserem Leben verbannen, oder nicht? Nun, wenn wir wissen, daß es möglich ist, dann können wir eine ganze Menge dafür tun! Wenn du weißt, daß du etwas dazu tun kannst, dann probiere es, bitte! Versuche, diese Gefühle aus deinem Leben zu verbannen.

Setz dich hin und entspanne dich. Denk über dich selbst nach. Beneidest du jemanden um etwas? Haßt du jemanden oder etwas? Hast du etwas oder jemanden mißbraucht? Oder nicht? Nun? Möchtest du es zugeben oder nicht? Willst du dir der Tatsache bewußt werden, daß du diese Gefühle tatsächlich hast? Es wäre nur gut für dich, wenn du es tätest! Es wäre gut, um sie loszuwerden. Fangen wir einmal mit dem Neid an!

Neidisch sind wir, wenn wir etwas haben wollen, was jemand anderer hat. Stimmt's? Nun, würdest du etwas, das jemand anderer hat, wirklich so richtig von Herzen gerne auch haben? Hmmm, die meisten von uns würden das wohl! Warum hättest du es denn gerne? Warum? Nun, weil es gut aussieht, sich gut anfühlt oder dir mehr Prestige, mehr sozialen Status verleiht? Wenn das die Gründe sind, kannst du es vergessen! Wenn das nicht die Gründe sind, was dann? Gott gibt uns, was wir brauchen. Was wir nicht brauchen, ist einfach nicht für uns nötig. Also brauchen wir auch nicht einen anderen darum zu beneiden.

Jetzt den Haß! Haßt du jemanden oder etwas? Ja? Hast du ein mächtiges Haßgefühl gegen jemanden oder etwas? Was ist Haß? Haß ist, wenn wir irgendeinen Menschen oder ein Ding aus irgendeinem Grunde absolut nicht ausstehen können. Aus welchem Grund? Nun, was könnte ein Grund dafür sein? Dir selbst ist der Grund ganz klar. Gib dieses Haßgefühl an den Himmel zurück, gib es Gott einfach zurück, daß er es ins Licht gibt und sich auflösen läßt. Das ist alles! Dann wird es dich nicht mehr plagen und du kannst an seiner Stelle um ein besseres Gefühl bitten! Ja, versuche es einfach! Ein weiteres Rezept gegen Haß findest du in dem Kapitel über Haß, lies es nach! Wenn du also beschließt, dieses Haßgefühl loszuwerden, dann bist du frei!

Nun laß uns den Mißbrauch betrachten. Wann oder wie bist du mißbraucht worden? Oder hast du etwas oder jemanden mißbraucht? Es gibt viele verschiedene Arten von Mißbrauch: jemanden zu benutzen, sexuellen Mißbrauch, psychologischen Mißbrauch, körperlichen Mißbrauch – viele Arten. Die schlimmste ist der sexuelle Mißbrauch an Kindern. Diese kleinen Kinder wissen nicht, was ihnen geschicht. Sie können nichts dagegen tun. Sie können es nicht aufhalten und sind für den Rest ihres Lebens geschädigt. Sie tragen körperliche und geistige Schäden davon, denn sie können weder körperlich und geistig so aufwachsen, wie es ihnen gebührt. Sie haben Angst. Sie haben Angst vor ihrer eigenen Sexualität, wenn sie zu Jugendlichen heranwachsen. Warum tun Menschen so etwas? Aus Gier, schlechten sexuellen Phantasien, überwältigenden sexuellen Begierden, die sie nicht befriedigen können, und auch weil die Macht des Teufels über sie kommt. Bitte, bitte, tu so etwas nicht! Diese Kinder sind rein, sie sind wie Gott, sie sind unschuldig. Verletze sie nicht, nie in deinem Leben! Und wenn du es doch tust, was dann? Bitte um Vergebung. Gott vergibt sehr schnell. Bitte um Wiedergutmachung deiner Sünden. Bitte Gott, einen Engel zu schicken, der dir hilft. Bitte um ein anderes Gefühl anstelle dieser sexuellen Begierde gegenüber einem Kind. Das ist nicht, was Gott von uns will! Es ist nicht richtig! Bitte, bitte, versuche es! Dann werden die Kinder nicht verletzt, dann können sie normal aufwachsen und können uns ihre Liebe zurückgeben. Wir können auf viele Weisen Liebe zeigen, aber sie Kindern gegenüber sexuell auszudrücken, ist falsch. Es ist ganz falsch. Deshalb versuche bitte, dich zu ändern! Gott und seine Engel helfen uns sehr dabei, dieses Problem zu überwinden.

Dann wird es für dich und alle die Kinder, die mißbraucht wurden, sehr viel besser sein. Wenn Gott möchte, daß wir „nein" sagen, dann können wir es, wenn wir dem Himmel ein wenig mehr vertrauen. Wir können es versuchen!

Das wird eine sehr gute Sache sein, eine sehr gute Art, zu sagen, „ja, ich möchte ein besserer Mensch sein. Ja, ich möchte versuchen, mich zu bessern, bitte hilf mir!" Die Hilfe ist da – wir müssen nur darum bitten! Also bitte fang an!

Wenn wir keinen Neid und keinen Haß in uns haben und nichts und niemanden mißbrauchen, sind wir dem Paradies einen Schritt näher – einen Schritt näher daran, „eins" mit uns selbst zu sein, eins mit Gott und der Natur. Unsere Erde zeigt uns, wie krank wir sind. Wenn wir alle gesünder werden, wird sie uns zeigen, wieviel gesünder wir sind! Es ist ganz einfach. Gott ist gut, und wir alle sind seine Töchter und Söhne. Gott möchte, daß wir sind wie er, wir sind nach seinem Bilde geschaffen. Wir brauchen keine schlechten Gefühle in uns zu behalten – überhaupt keine! Wir brauchen also nicht in irgendwelchen Gefühlen, die wir haben, steckenzubleiben! Wir brauchen uns nicht damit abzufinden, sondern können sie abschütteln, wieder in Ordnung kommen und „heller“ werden – du kannst wie ein Engel sein, wenn du es versuchst! Ehrlich! Es funktioniert!

Deshalb gib bitte nicht auf, wenn du meinst, nichts würde besser – bitte einfach immer wieder. Gott ist da und hört und wird *ganz gewiß* die Engel schicken, die euch allen helfen! ♡

Dreiundzwanzigste Botschaft

In dieser Botschaft geht es um *Liebe* und *Wut*, um die *Auflösung von Energien* und *Engelwesen*. Sie kommt von Gott und allen Engeln.

Gott sagt, daß wir Wesen voller Liebe sind. Wir sind Gottes Söhne und Töchter, und ihr innerstes Wesen ist so gemacht - voller Liebe. Wir alle sind in unserem Herzen gute, hilfreiche, liebevolle Menschen. Wenn es anders ist, dann stimmt etwas nicht. Gott möchte uns voller Frieden und Harmonie, voller Liebe und Güte. Wenn wir also nicht so sind, dann sollen wir an uns arbeiten und wieder so werden, wie wir gedacht sind. Wir beginnen schon als Kinder, anders zu werden. Man bringt uns bei, dies zu tun und jenes zu lassen, zeigt uns, was wir in unserem Herzen zulassen dürfen und was nicht, macht uns zu einer Person, die von anderen geformt ist, zu dem, was wir jetzt sind! Wir sind wie Ton, der geformt wird, entweder um Gottes Energie zu empfangen oder eine andere Energie! Wenn wir Gottes Energie empfangen, sind wir, was wir sein sollen. Wenn wir eine andere Energie empfangen, zum Beispiel Wut oder Neid, um nur zwei davon zu nennen, sind wir nicht, was wir sein sollen. Wir „essen“ diese Energie und verdauen sie zu einer Art „Krankheit“, die uns von innen her auffrißt. Unser Geist, unser Körper und unser Sein ist das, was wir aus dieser Energie geworden sind. Wenn wir also voll göttlicher Energie sind, sind wir eins mit uns selbst, mit dem Universum, mit der Natur und mit Gott. Wenn wir von einer anderen Energie erfüllt sind, sind wir voller Schlechtigkeit, voll schlechter Schwingungen, voller Krankheit. Deshalb müssen wir versuchen, voll göttlicher Energie zu sein. Dann sehen wir, daß dies die *einzige* Art ist, wie wir wirklich leben können, die einzige richtige Art!

Wir versuchen also, die schlechte Energie loszuwerden. Wir versuchen, uns der Wut in uns zu entledigen. Wir versuchen es, und es wird uns gelingen. So ist es, und so wird es sein!

Nun setze dich bitte hin, entspanne dich und konzentriere dich auf deinen Atem. Dein Atem kommt und geht, dein Atem ist in diesem Moment das einzig Wichtige für dich. Du hast deinen eigenen „Ton", dein eigenes Atemgeräusch, das nur du allein hast. Es ist deines. Jeder Mensch hat sein eigenes Atemgeräusch. Versuche, dich mit diesem Geräusch zu verbinden – höre ihm zu, es beruhigt dich, es gibt dir eine innere Zufriedenheit und ist immer da, um dich zur Ruhe zu bringen, um dir zu helfen, eine kleine Insel des Friedens in den Wirren deines Lebens zu finden. Wir sollten das regelmäßig tun. Schicke alle deine Gedanken weg und horche einfach auf deinen Atem! Es hilft uns sehr dabei, unseren Alltag zu bewältigen.

Du lauschst also auf deinen Atem, auf dich selbst, auf deinen Körper, dein Verstand ist leer. Du bist ganz entspannt. Du siehst, wie die Wut sich auflöst. Du bist „eins" mit dir selbst. Du denkst an Gott und an die Energiewellen, die von Gott kommen. Du siehst den kleinen Funken, der in deinem Leben entzündet wurde. Er wächst und wächst, bis er zu einem Feuer wird, das dich wärmt, er hilft dir, Energie zu haben und den rechten Weg vor dir zu sehen. Wir können ihn immer weiter wachsen lassen, immer weiter und weiter. Wir sehen diesen kleinen Funken vor unserem geistigen Auge. Einen kleinen Lichtfunken, eine winzige Lichtkugel, einen leuchtenden Anfang! Siehst du ihn? Versuche es! Er ist da!

Versuche, dich auf diesen kleinen Funken zu konzentrieren – spüre die Wärme, die sich in deinem Körper ausbreitet, sieh, wie die Energie in dich einströmt. Sieh das Licht wachsen und spüre die Wärme!

Dann verschwindet die Wut. Der Haß verschwindet, alle Liebe fließt in deinen Körper und macht dich schön. Und die Wellen der Liebe werden aus dir strömen – Liebe, Licht, Energie und Heilung.

Ja, du wirst geheilt, du bist voller Liebe – nimm diese Energie in dein Leben auf. Die Engel helfen dir! Sie leiten und beschützen dich. Sieh, wie sie das tun – es geschieht alles ganz von selbst. Laß sie in dein Leben, und sie werden zu einem Teil deines Alltags werden. Sie werden ein Teil von dir, ein Teil, der dir zeigt, wie du lieben, wie du ein schöner Mensch sein und die schönen Dinge im Leben sehen kannst.

Eine andere Art, schlechte Energien loszuwerden, ist, einen Kreis zu malen, immer rundherum, immer gegen den Uhrzeigersinn, rundherum und rundherum. Die schlechte Energie verschwindet dadurch von selbst. Es ist eine gute Art, schlechte Energie, die du nicht willst oder brauchst, aufzulösen. Sie löst sich wirklich auf – probier's aus!

Was also möchte Gott von uns? Er möchte, daß wir schöne Menschen sind – voller Liebe und Energie, voller Licht und Heilung. Er möchte, daß wir den rechten Weg sehen, unsere Aufgabe im Leben. Nun, würde dir das nicht gefallen? Wärst du nicht gern erfüllt von schöner Energie und Liebe, wärst du nicht gern zufrieden und entspannt, guter Laune, immer mit einem Lächeln im Gesicht und bei guter Gesundheit? Du kannst das alles haben, wenn du gleich heute anfängst. Setz dich hin, entspanne dich und fang an.

Alle Engel Gottes möchten, daß wir diesen kleinen Funken sehen. Dieser kleine Funken ist wirklich der Engel in deinem Leben. Er ist Gott, der uns hilft, er ist dein Engel, der dir sagt: "Hallo! Ich bin hier, um dir zu helfen, laß mich in dein Herz und wir schaffen es!“ Versuche, diesen kleinen Funken zu sehen! Es tut uns allen gut! Setz dich hin und entspanne dich und versuche, diesen kleinen Funken vor deinen geschlossenen Augen zu sehen! Sieh, daß dieser kleine Funken dir nur Gutes bringen wird! Versuche es!

Auf diese Weise versucht Gott wirklich, uns allen zu helfen. Er hat seine Engel als Wesen gemacht, die zu unserer Hilfe da sind. Er hat gesagt, daß wir sie immer um Hilfe bitten können – jederzeit – und daß er uns immer hört. Er ist *immer* für uns da, *immer.* Wenn wir also die Hilfe annehmen, die Gott uns gibt, dann können wir gute Menschen sein. Wir werden endlich wieder glücklich sein. Wir sollten es versuchen, was haben wir zu verlieren?

Dies ist das Ende der heutigen Botschaft von Gott und allen seinen Engeln.

Vierundzwanzigste Botschaft

Diese Botschaft ist euch von Gott gesandt. Sie handelt davon, *einen und nur einen Gott* zu haben.

Wo haben wir die Dinge, die wir anbeten möchten? Wen beten wir an? Wo beten wir? Wann beten wir? Und wie?

Nun, weißt du es? Setz dich hin und denke einmal darüber nach. Wen oder was betest du an? Weißt du es? Und warum betest du diese Sache oder diese Person an? Sind sie besser oder schöner als du? Haben sie eine bessere Moral? Führen sie ein besseres Leben? Haben sie ein schöneres Haus? Mehr Geld? Mehr Charakter, Intelligenz, mehr von etwas, das du nicht hast? Oder ist es das Auto, das sie fahren, das Mädchen, das sie lieben oder der Mann? Ist das die Art, wie du Gott siehst? Nun?

Gott sagt uns, daß wir nur einen Gott haben sollen, den Gott, der uns alle gemacht hat. Den Gott, der uns das Leben gegeben hat, den Gott, zu dem wir alle zurückkehren, wenn die Zeit gekommen ist. Wir sollen keinen Gott hier auf der Erde haben, ganz gleich, wen oder was wir gerade verehren. Wenn wir irgendeinen Menschen in einem solch göttlichen Lichte sehen, dann ist das gut, aber es besteht keine Notwendigkeit, ihn anzubeten – liebe diesen Menschen, achte ihn, verehre ihn, aber du brauchst ihn nicht anzubeten oder ihm nachzufolgen und dich völlig aufzugeben. Jeder von uns ist mit einer ganz eigenen Mission auf die Erde gekommen. Jeder von uns hat Arbeit, die er erledigen muß, auch wenn viele von uns nicht wissen, was ihre Mission ist – jeder von uns muß sein Bestes geben. Wir können nicht erwarten, daß irgend jemand uns das abnimmt. Wir müssen selbst versuchen, unser Bestes zu geben. Wir alle sind Gottes Kinder, und wir alle müssen versuchen, daß es uns gelingt. Nur dann können wir eins mit uns selbst werden, eins mit Gott, und so den anderen und der Erde helfen. Deshalb möchte Gott, daß wir nur ihn anbeten. Er sagt, das mag heutzutage recht seltsam klingen, aber es ist sehr wichtig. Niemand anderer soll auf ein solches Podest gestellt werden, daß wir ihn oder sie anbeten. Niemand anderer soll so angebetet werden, daß wir darüber vergessen, daß Gott der Eine ist, der uns gemacht hat. Jeder von uns ist aus Gottes Energie gemacht, um gottähnlich zu sein. Wir sind alle Gottes Kinder, und alle haben etwas Gutes, nicht nur auch ein bißchen was. Wir sind alle verschieden, jeder von uns ist ein Individuum, und jeder von uns ist liebenswert. Jeder von uns ist ein kleines Licht, das leuchtet und das jedem anderen sehr viel Liebe geben kann. Jeder von uns ist wie eine kleine brennende Kerze, wie ein brennendes Feuer, ein Lagerfeuer, das uns alle warm hält. Jeder von uns ist auch wie ein Waldbrand – wie ein Feuer, das unser Leben übernehmen kann. Wenn uns klar wird, was wir im Leben tun sollen, kann das unser ganzes Leben übernehmen und uns mit Gottes Energie erfüllen, mit der Liebe Gottes, dem Licht Gottes und der göttlichen Heilung. Wir können unendlich viel Licht, Liebe, Energie und Heilung für alle anderen um uns her bedeuten. Wir können eine solche Inspiration für andere sein, ein solches Beispiel, daß die anderen es schaffen, mit der Zeit mit uns Schritt zu halten. Ja, wir sollen uns zuerst auf uns selbst konzentrieren, und unsere Familie, unsere Freunde und die nächste Umgebung werden alle sehr viel davon profitieren.

Wie du das tun sollst? Nun, bitte Gott, bitte einen Engel, warum nicht? Bitte um Hilfe! Wenn du etwas wissen willst – frage! Wenn du etwas brauchst – bitte darum! Was möchtest du wirklich im Leben? Bitte darum! Es wird dir gegeben. Die Antwort kommt! Vertraue einfach und du wirst sehen, was geschieht! Suche und du wirst finden!

Wenn du Gott oder einen Engel bittest, dir zur Hilfe zu kommen, wirst du bald merken, was für wunderbare Dinge geschehen. Gott möchte, daß wir erkennen, daß wir alle voller Liebe sein sollen. Wir können Menschen oder Dinge natürlich bewundern, aber es soll keine solche Vernarrtheit sein, daß wir sie nicht mehr kontrollieren können. Wir können es so sehen, daß wir immer auf diesem Planeten sind, um etwas zu erreichen. Wir wissen nicht, was, wenn wir geboren werden – das wäre zu leicht! Aber wenn wir es herausfinden, haben wir unser Ziel im Leben erreicht, und dann wird es ein wunderschönes und ganz gewiß sehr erfülltes Leben. Wir können sicher sein, daß es uns an nichts mangeln wird und daß wir voller Liebe, Energie, Licht und Heilung sind. Wir können sicher sein, daß wir wunderbare Menschen sind, die da sind, um anderen zu helfen! Versuche es!

Gott sagt, wir sollen unser Bestes geben, immer!

Dies ist das Ende dieser Botschaft von Gott.

Fünfundzwanzigste Botschaft

Diese Botschaft kommt von Michael und handelt von *Frieden.*

Gott sagt, wir sollen Frieden haben – Frieden auf Erden, Frieden daheim, Frieden mit uns selbst. Wir sollen alle in der Lage sein, Frieden zu kennen und in uns zu spüren. Einfach vollkommenen Frieden! Keinen Streit, keinen Kampf, keine Probleme, keine Bedürfnisse – einfach Frieden! Frieden! Frieden!

Wäre das nicht schön? Wir können diesen wunderbaren Frieden haben, wenn wir ihn möchten! Die ganze Welt, das ganze Universum kann Frieden haben, wenn sie es sich wirklich wünschen. Denn Gott schenkt uns allen vollkommenen Frieden – Frieden ist ein Geschenk, das er uns gemacht hat.

Er kennt nichts anderes als Frieden! Frieden ist ganz und gar wie Gott. Gott möchte, daß wir alle dieses Gefühl des Friedens kennen! Er möchte, daß wir alle diesen Frieden in uns empfangen können – daß wir völlig zufrieden und entspannt sind – ganz und gar erfüllt von innerem Frieden.

Deshalb setze dich hin, entspanne dich und sieh, was du tun kannst! Bitte versuche, dich zu entspannen – versuche, ruhig zu werden. Schicke alle Gedanken weg, sie haben Zeit bis später! Alle Gedanken und Sorgen haben immer Zeit bis später! Wenn du sie also aus deinem Kopf verbannst, sagst du ihnen: Das hat Zeit bis später. Jetzt entspanne dich ganz bewußt, sage allen deinen Gliedmaßen, daß sie loslassen und sich entspannen sollen. Du wirst schwerer und schwerer, bis du ganz vergißt, daß du überhaupt Arme und Beine hast. Dein Körper ist durch und durch entspannt! Du bist in vollkommenem Frieden! Dein Gesicht ist entspannt, deine Augenlider liegen entspannt auf den

Augen, und alle deine Gesichtsmuskeln sind ganz entspannt. Kein Nerv stört dich – du fühlst dich im Frieden und innerlich wach. Du liebst dieses Gefühl, im Frieden zu sein – du hast im Moment keine Sorgen, keine Bedürfnisse und nichts stört oder ärgert dich. Du bist im Frieden. Dein Geist ruht sich aus! Dein Körper ruht sich aus. Du bist im Frieden mit dir selbst.

Tu dies so oft wie möglich. Es wird dir helfen, die ganze Zeit voller Frieden zu sein. Wenn du es schaffst, dir jeden Tag auch nur ein paar Minuten Zeit dafür zu nehmen, wirst du ganz gewiß einen enormen Nutzen davon haben. Du wirst merken, daß du mit viel mehr Frieden und Gelassenheit an deine täglichen Aufgaben und an das Leben ganz allgemein herangehst.

Frieden bei deiner Arbeit ist sehr wichtig. Wenn es dir gelingt, bei der Arbeit im Frieden mit dir selbst zu sein und dich nicht zu „stressen", dann kannst du viel effektiver arbeiten. Du wirst sehen, daß dir alles viel mehr Spaß macht, daß es leichter geht und daß du bei der Arbeit glücklicher bist. Versuche, dies zu erreichen, indem du dir jeden Tag Zeit zum Entspannen nimmst. Du wirst deine Arbeit viel besser tun und dich viel besser darauf konzentrieren können. Du kannst dich immer zurückziehen und nur ein paar Minuten irgendwo sitzen und dich regenerieren. Es ist wichtig, das immer wieder zu tun. Wenn du zu Hause arbeitest, dann schaffe dir einen besonderen Platz zum Entspannen – einen Platz des Friedens und der Schönheit, vielleicht findest du sogar einen besonderen Ort draußen in der Natur, zu dem du dich hingezogen fühlst, oder einen Baum. Bäume schenken uns sehr viel Energie, wenn wir es zulassen. Wir können uns an den Stamm eines großen Baumes lehnen und wahrnehmen, wie wir die Energie des Baumes in unseren Körper aufnehmen. Das tut gut!

Frieden in der Welt! Wir erreichen Frieden in der Welt, wenn noch viel mehr von uns Frieden in sich selbst haben. Wenn wir Frieden ins uns selber haben, wissen wir: wir brauchen nicht zu kämpfen. Wenn wir nicht kämpfen, gibt es auch keine Kriege mehr. Es wird nicht mehr zerstört und getötet, es gibt keine Bomben mehr, kein Schießen, kein Gift. Wenn wir das wissen, sollten wir doch daran arbeiten! Wir sollten doch versuchen, in Frieden mit uns selbst zu sein! Deshalb versuche, den Frieden in dir zu finden!

Frieden mit uns selbst! Wir haben Frieden mit uns selbst, wenn wir eins mit uns sind, eins mit Gott und der Natur. Wir sind alle Teil der Natur, Teil dieser Erde. Unsere Körper kommen von der Erde und kehren zur Erde zurück. Wir wissen, daß unsere Körper nur das Haus der Seele sind, aber wir müssen unsere Körper mit Achtung behandeln! Wir müssen lernen, uns gut zu ernähren, uns gut zu kleiden und freundlich und liebevoll für unseren Körper zu sorgen. Wir müssen lernen, uns zu lieben, das müssen wir schaffen. Wenn wir uns lieben, sind wir auch im Frieden mit uns selbst. Wir wissen, daß unsere Seele durch eine lange, lange Silberschnur mit dem Himmel verbunden ist. Diese Schnur geht direkt zu Gott und verbindet uns mit ihm. Wenn wir sterben, kehrt diese Schnur mit unserer Seele in den Himmel zurück. Wenn wir die Aura sehen können, sehen wir manchmal auch die silberne Schnur. Sie geht weit, weit hinauf in den Himmel. Wir alle haben diese Schnur, ganz gleich, wie wir sind. Wir alle, ganz gleich, wie sehr wir Gott lieben oder nicht. Wenn wir also diese Schnur sehen können - und wir können es lernen – wenn wir in Frieden mit uns selbst sind, dann wissen wir, daß wir alle Gottes Kinder sind. Wir sind alle mit dem Himmel verbunden. Wir sind alle Teil der Erde und des Universums. Wir sind alle verschieden und alle liebenswert. Alle!

Wenn wir also inneren Frieden haben, sind wir noch stärker mit Gott verbunden, denn er schickt uns seine Energie. Er gibt uns seine Liebe, sein Licht und seine heilende Kraft. Er nährt unsere Seele. Wenn wir das spüren, empfinden wir einen noch tieferen inneren Frieden. Wir wissen, daß wir lieben und geben, daß wir empfangen und vollkommen sein können! Wir alle können das schaffen. Wie? Bitte einfach um Hilfe! Bitte einfach Gott oder einen Engel, dir zu helfen! Sie tun es! Frieden ist etwas, das wir wirklich haben *sollen*! Es soll keinen Krieg mehr geben, keine Kämpfe, keinen Streit und keine Probleme!

So hat Gott die Welt gemacht! Als Paradies! Wir haben unser Paradies durch Kriege und Kämpfe verloren, dadurch, daß wir schlechten Energien nachgegeben haben. Aber unsere wahre Waffe kann vollkommene Liebe sein. Waffen – Kanonen, Bomben, Gift – sind überflüssig. Sie sind überflüssig, denn wenn wir uns alle lieben, wird Frieden herrschen! Frieden auf Erden, Frieden daheim – der Frieden ist hier mit uns, wenn wir ihn nur finden und daran festhalten können.

Finde diesen Frieden in deinem Inneren und halte daran fest, ganz fest. Dann kannst du die Erde retten – für uns, für unsere Kinder, für die Kinder unserer Kinder und für die kommenden Generationen.

Bitte! ♡

Sechsundzwanzigste Botschaft

Diese Botschaft ist von Michael und handelt von *göttlichen Dingen* – von uns, von allem um uns herum und dem ganzen Universum!

Gott sagt, daß alles, was um uns ist, in uns, außerhalb von uns und überall, göttlich ist. Gott hat uns unseren Körper, unseren Verstand und unseren Geist gegeben. Er hat uns alles gegeben, was wir haben, und wird uns immer alles geben, was wir brauchen. Er wird uns immer gut versorgen, wenn wir nur unser Vertrauen in ihn setzen können. Bitte ihn, wenn du etwas brauchst! Sprich mit ihm über deine Sorgen. Und versuche, offen für ihn zu sein, offen für dich selbst und für andere und auch offen für die Antworten, die du empfängst. Wenn du etwas haben möchtest, dann bitte einfach darum! Wenn es in Ordnung ist, wirst du es bekommen! Wenn es nicht in Ordnung ist, wirst du erkennen, warum es das nicht ist, und wirst bekommen, was gut für dich ist! Und das ist etwas, was nur Gott weiß! Er kümmert sich immer um uns, weiß, was am besten für uns ist, weiß genau, was wir brauchen, und läßt uns auch nie, niemals allein! Wenn wir uns verlassen fühlen, dann sind wir einfach ein wenig von dem Weg abgekommen, auf dem wir sein sollten! Dann sollen wir in uns gehen und versuchen zu sehen, was wir falsch gemacht haben, was wir ändern können!

Deshalb setz dich hin und entspanne dich. Laß einfach ganz locker! Denk darüber nach, was du im Leben möchtest. Was möchtest du erreichen? Was möchtest du tun? Was würde dir am besten gefallen? Was würdest du wirklich, wirklich von ganzem Herzen gerne tun? Nun, so hast du begonnen, deinen Weg im Leben zu finden. Denn Gott hat uns Talente gegeben, die wir benutzen sollen, um für ihn und mit ihm zu wirken. Unser Ziel im Leben ist, gute Menschen zu sein, die versuchen, Gott zu helfen! Unser Ziel im Leben ist, göttlich zu sein und Gott ähnlich zu sein, indem wir anderen helfen – auf die eine oder andere Weise! Wir sollen Jünger sein, genau wie die, die um Jesus waren! Sie haben von unserem Meister, dem Sohn Gottes, viel gelernt. Denn Gott hat uns gesagt, daß Jesus uns bei unserem Streben, „gute" Menschen zu werden, immer helfen würde. Wir werden Jesus immer zur Seite haben, um uns zu helfen, und er weiß genau, was wir brauchen. Er weiß, daß wir alle Kinder Gottes sind, genau wie er. Er weiß genau, was wir fühlen, er weiß genau, was wir tun und was wir tun sollten! Er ist immer da! Gott ist immer da, und die Engel sind immer da!

Deshalb zweifle nicht daran, sondern bitte einfach! Je besser du lernst, mit Gott, mit Jesus und den Engeln zu sprechen, umso mehr wirst du sehen, daß dir geholfen wird. Es ist genau so, als hättest du einen Verwandten. Je öfter du ihn siehst und besuchst, ihn anrufst oder ihm schreibst, desto besser wird die Beziehung zu ihm! Wenn du keinen Kontakt mit ihm hast, kannst du auch keine enge Beziehung zu ihm haben. Wie bauen wir also eine Beziehung zu Gott und unseren Engeln auf?

Nun, zuerst können wir einmal sagen, daß wir das gerne *möchten*, wir können sagen, daß wir uns mit Gott und den Engeln verbinden möchten. Wir haben viele Möglichkeiten, das zu tun, und sollten sie benutzen:

Wir können beten.
Wir können meditieren.
Wir können der Natur näher kommen.
Wir können Gott und den Engeln unser Herz öffnen.

Wir können eins mit uns selbst sein, indem wir mit Gott sprechen und seine Energie empfangen, seine Liebe, sein Licht und seine heilende Kraft.

Wir können glauben.

Wir können vertrauen.

Wir können Gutes tun!

Wir können auch ein wenig von allem tun! Damit schaffen wir eine Verbindung zu Gott und den Engeln und das gibt uns großen inneren Frieden und sehr viel Lebensfreude. Wir können es wirklich sehr gut haben, wenn uns das gelingt. Wir strahlen dann von innen heraus!

Gott möchte also wirklich gern, daß wir uns öffnen und diese Göttlichkeit in uns einlassen, die sowieso schon da ist als eine nie versiegende Quelle von Liebe, Licht, Energie und Heilung.

Um uns her strahlt alles ständig Gottes Energie aus. Es geht nur darum, all diese Energie in dich einzulassen. Sie fließt von selbst und kann uns immer helfen, uns zu stärken. Die ganze Natur mit all ihren Erscheinungen ist von Gott gestaltet. Unnatürliche Dinge wie zum Beispiel Plastik sind nicht von Gott gemacht und haben keine natürlichen Energieschwingungen. Wenn wir solche unnatürlichen Dinge nicht mehr haben oder benutzen, bemerken wir den Unterschied! Wir können die destruktiven Strahlen in unserem Leben ausschalten, indem wir die natürlichen Elemente wählen. Selbst Wind, Feuer, Luft und Wasser sind Elemente, die wir benutzen können, um uns zu helfen. Wind kann dafür benutzt werden, Energie zu erzeugen. Feuer kann benutzt werden, um mit Kräutern und Düften zu heilen. Wasser kann zum Heilen und Reinigen benutzt werden, und auch zum Kochen und Trinken, ebenso wie zur Erzeugung von Energie. Luft brauchen wir zum Atmen, ohne sie würden wir nicht existieren. Sie kann auch zum Heilen benutzt werden, wenn wir Aromaöle benutzen oder die vielen schönen Düfte, die uns helfen, uns wohlzufühlen. Nun, wenn wir wissen, wie diese Elemente zu benutzen sind, sollten wir uns einmal vorstellen, wie es wäre, wenn wir nur draußen leben würden, wie die Höhlenmenschen. Wir wären ganz gewiß auf wunderbare Weise ein Teil der Natur. Unsere täglichen Verrichtungen würden ganz anders aussehen als jetzt, in diesem Zeitalter. Wir leben heute und nicht gestern, aber Gott sagt, es ist sehr, sehr wichtig, daß wir erkennen, welch ein großer, großer Teil von uns die Natur ist – selbst wenn wir heute im Luxus leben und moderne Technologien haben, die uns bei vielen Dingen sehr helfen, wie zum Beispiel fließendes Wasser aus dem Wasserhahn, Zentralheizung, elektrisches Licht, Autos, Computer, Telefone und alle diese Dinge.

Gott möchte, daß wir viel öfter hinaus und spazierengehen, nicht in der Stadt, sondern in der Natur! Es tut gut, die grünen Felder zu sehen, den Himmel, die Schönheit der Natur, ganz gleich, zu welcher Jahreszeit! Es ist sehr wichtg für uns, in Harmonie mit der Natur zu sein. Je weniger wir in Harmonie mit der Natur sind, umso weniger sind wir „eins" mit uns selbst. Es mag für viele von uns notwendig sein, in der Stadt zu leben, und es gefällt uns vielleicht sogar, aber vergiß nicht, vergiß nie, daß wir alle ‚eins' mit unserer Umgebung sein sollen, mit der Natur. Wir sind alle Gottes Kinder, alle dazu geboren, wieder in der Erde begraben zu werden. Alle dazu geboren, wieder in den Himmel zurückzukehren! Alle dazu geboren, einen besseren Planeten zu erschaffen! Ja, wir sollen alle versuchen, daran zu arbeiten. Wir haben eine besondere Aufgabe hier auf Erden, und es liegt an uns, sie herauszufinden! Deshalb verbinde dich mit Gott oder einem Engel!

Deshalb liebt Gott uns so sehr – weil wir alle seine Kinder sind, alle so gemacht wie er. Er möchte, daß wir weiser sind, ‚eins' mit uns selbst, und unsere Natur ist nur ein Teil davon, der hilft, unseren Körper zu heilen, uns Energie zu spenden und auch ‚eins' mit Gott und der Natur zu sein.

Wenn wir das nächste Mal hinausgehen, können wir uns also vorstellen, wie es wirklich ist, ein besserer Mensch zu sein. Es wäre schön, wenn wir versuchten, ein besseres Leben zu führen, ein reineres Leben, ein göttlicheres Leben. Und wir können dabei Hilfe bekommen. Sie ist da, wir brauchen nur darum zu bitten! Sie drängt sich uns nicht auf, aber sie ist immer für uns da, wir brauchen nur zu bitten!♡

Siebenundzwanzigste Botschaft

Diese Botschaft handelt von *Trotz* und *Haß* und ist von Saraquell, Gabriel und Michael, den Erzengeln Gottes.

Gott möchte, daß alle Menschen auf Erden völlig frei von Haß und Trotz sind. Wir können niemals Liebe und Licht sehen, wenn wir voller Haß und Boshaftigkeit sind! Wenn wir lieben wollen, müssen wir diese Emotionen loswerden! Sie wirken in unserem Körper und zerstören uns. Sie machen uns „dunkel", machen uns zu Menschen ohne Ausstrahlung, ohne Energiewellen. Wir können dann keine Liebe geben, können keine Liebe annehmen und sind ohne Engel, wenn wir Haß und Boshaftigkeit spüren. Die Engel meiden uns, denn diese Energie ist zu stark für sie. Sie halten sich in einer Entfernung und schauen uns zu. Aber sie können nichts tun. Sie werden nicht gebraucht, weil Haß und Boshaftigkeit uns im Griff haben. Wenn wir diese Emotionen empfinden, sind wir also ein ganz schönes Stück vom rechten Weg abgekommen. Wir sehen nur, daß wir etwas total hassen und uns böse fühlen. Wie werden wir nun diese Gefühle los? Wie fangen wir es an, daß die Engel zurückkommen?

Nun, setz dich zuerst einmal hin und entspanne dich. Beruhige dich, dann kannst du die Dinge etwas klarer sehen. Warum haßt du jemanden? Warum fühlst du dich so boshaft? Warum fühlst du nicht nur Liebe? Warum bist du so? Gefällt es dir?

Die meisten von uns würden sicherlich antworten, daß es ihnen nicht gefällt. Die meisten von uns würden sagen, daß sie diesen Haß nicht wollen, aber nicht wissen, wo sie anfangen sollen, um ihn loszuwerden. Manchmal ist das nicht so leicht, wie es scheint. Es ist nicht leicht, Hilfe zu suchen, aber Hilfe ist immer da, wenn wir einfach darum bitten. Sie ist *immer* da – bitte einfach Gott oder einen Engel, dir zu helfen! Wenn du einen Engel bittest, dir zu Hilfe zu kommen, dann wird der Engel sicherlich sein Bestes tun, um dir zu helfen. Er wird sein Bestes geben, weil die Engel auch etwas davon haben, wenn sie helfen. Wenn ein Engel Erfolg hat, wird er im Himmel geehrt. Er bekommt einen höheren Rang in den himmlischen Sphären. Er „kommt voran“ - es ist also durchaus ein Geben und Nehmen, siehst du? Wenn wir Hilfe brauchen, können wir einfach darum bitten! Wenn wir Zweifel haben, können wir vertrauen und unsere Zweifel werden zerstreut. Wenn du ganz niedergeschlagen bist, dann bitte, und du wirst aus der Düsterkeit herausgehoben. Wenn du Flügel zum Fliegen brauchst, bitte darum, und die Engel tragen dich. Wenn du ein Lachen brauchst, dann bitte einfach, und die Engel kitzeln dich! Mehr oder weniger, aber etwas geschieht *immer*, wenn du um Hilfe bittest. Öffne dein Herz und laß die Hilfe ein. Versuche, dich dem zu öffnen, und du wirst viel „heller“ und „leichter“, du bist weniger sorgenvoll, du bist ein bißchen fröhlicher, hast mehr Energie und sogar mehr Liebe. Wenn du etwas möchtest, dann bitte einfach. Bitte und es wird dir gegeben, suche und du wirst finden.

Gott möchte, daß wir unser Leben mit jeder Menge Liebe, Energie, Licht und Heilung füllen. Nur dann können wir Haß und Boshaftigkeit überwinden, nur dann werden sie verschwinden. Gott nimmt sie und gibt sie ins Licht, so daß sie sich auflösen. Sie werden zu Licht, sie verschwinden einfach.

Wenn wir wissen, was wir tun können, können wir auch gleich heute damit beginnen!

Warum fangen wir also nicht an, denen Abbitte zu leisten, denen wir mit Haß und Boshaftigkeit begegnet sind! Warum gehen wir nicht einfach hin und sagen ihnen, daß wir nicht mehr kämpfen wollen, daß wir uns einigen wollen. Dann werden wir sehen, daß es *viel* schöner ist, *viel* besser für uns, wir fühlen uns viel besser, wir sehen viel klarer, und wir können sehr viel mehr Freude haben!

Bitte, bitte, tu es doch! Ruf einfach an und sage es. Klopf einfach an die Tür und sage es. Oder schreibe einfach einen Brief und sage es! Was immer du möchtest! Es ist viel einfacher, als du denkst, wirklich! Es ist viel einfacher, als du dir je erträumt hast. Tu es jetzt, jetzt ist ein guter Zeitpunkt, um es zu versuchen!

Gott möchte, daß wir alle lieben. Alle Menschen auf der Welt sind unsere Brüder und Schwestern. Wir sind alle Kinder Gottes, und er macht uns nach seinem Bilde. Daher können wir alle eine Familie voller Frieden und Liebe sein, die in einem Paradies lebt. Wir können heute damit anfangen und können die ganze Welt reinigen. Wir können beginnen, die ganze Welt zu heilen – für uns, für unsere Kinder, für die Kinder unserer Kinder, und dann können wir uns sagen: „Ja, ich lebe gerne, ja, ich möchte lieben!"

Fangen wir doch einfach an! Wir können die schlechte Energie loswerden. Sie ist tatsächlich nur deshalb da, um uns in die Lage zu versetzen, zwischen guter und schlechter Energie zu unterscheiden. Wir können uns für die gute Energie entscheiden und gute Menschen sein, oder wir können die schlechte Energie wählen und schlechte Menschen sein! Aber wir können auf unserem Weg in der Welt ganz gewiß immer um Hilfe bitten. Wir können Gott bitten, der uns einen seiner Engel schickt, oder wir können einen Engel bitten, der uns immer zu Hilfe kommen wird. Entscheide dich! Es wird besser, wenn wir uns entscheiden!

So also möchte Gott, daß wir unsere Zukunft sehen – gut und voller Liebe, reich an Schönheit, ein Leben im Paradies und voller Gesundheit! ♡

Achtundzwanzigste Botschaft

Diese Botschaft kommt von Saraquell, Gabriel und Gott und handelt davon, *wie ein Engel* zu *sein*!

Gott sagt, all die Engel um uns her sind dazu da, uns zu helfen. Sie sind da, um uns ganz genau zu zeigen, wie wir sein können und wie wir sein sollten. Wir sollen wirklich genauso gut sein wie die Engel, genausoviel Liebe, Energie, Licht und heilende Kraft ausstrahlen, wie die Engel es tun. Wie schaffen wir das nun?

Nun, setz dich hin und entspanne dich. Versuche, dir einen Engel vorzustellen. Versuche dir vorzustellen, wie du dich fühlen würdest, wenn du ein Engel wärst! Nun? Sie sind vollkommen frei von Kummer, Angst, Schmerz, Gehässigkeit, Haß, Neid und schlechten Energien und haben keine einzige Sorge. Sie können fliegen und können der Person, der sie helfen wollen, so schnell nahe sein wie das Licht. Sie wissen, was wir denken, sie wissen, was wir fühlen. Sie wissen ganz genau, was wir tun werden und was das Beste für uns ist. Sie kennen uns in- und auswendig. Sie wissen genau, was wir nicht wissen, und sie wissen, daß sie hier sind, um uns zu helfen. Sie wissen, was gebraucht wird und wie wir es bekommen sollten. Sie wissen, wenn wir es bemerken, und wie wir uns dann fühlen. Sie wissen alles von uns!

Wie können wir also wie ein Engel werden? Nun, indem wir mehr Liebe fühlen, weniger Angst, keine Kümmernisse, keinen Neid, keinen Haß und keine Bosheit und wenn wir keine Sorgen haben. Wenn uns das gelingt, wenn wir es schaffen, all diese schlechten Energien hinauszuwerfen, dann werden wir wie Engel! Ja, wir spüren mehr Liebe und Licht, mehr Energie und Heilung. Wir empfangen viel mehr Liebe und Licht und Energie, die uns auf unserem Weg helfen. Es sieht so aus, als ob wir das wollen! Es sieht so aus, als ob wir das brauchen und zu den schlechten Energien um uns herum „nein" sagen können!

Wenn wir also wissen, wie wir so wunderbar, so schön und voller Liebe und Leben sein *können*, dann können wir doch einfach danach streben! Wie tun wir das?

Setz dich einfach hin, entspanne dich, laß alles locker. Atme ein paarmal tief ein und aus und laß bei jedem Ausatmen all die Negativität, all die schlechten Gefühle in dir ausströmen. Dann kannst du dich darauf konzentrieren, die Liebe einzulassen! Öffne dein Herz und laß soviel Liebe ein, wie du nur kannst. Konzentriere dich darauf, dein Herz mit Liebe zu füllen. Stell dir vor, daß dein Herz eine herzförmige Glühbirne ist, die du angschaltet hast. Es ist ein helles Licht, das in dir leuchtet und dessen Wärme sich in deinen Knochen ausbreitet, in deinen Muskeln, bis in die Fingerspitzen und Zehen hinein. Wo Licht ist, da ist kein Dunkel. Wo Wärme ist, da ist keine Kälte. Wo Licht ist, ist Energie, und wo Energie ist, ist Heilung!

Versuche es einmal! Bring dich selbst zum Leuchten! Das möchte Gott von uns. Dafür möchte Gott, daß wir auf der Erde sind – um zu zeigen, was wir tun können und wie wir es tun können – alles für Gott!

Wenn du also dasitzt und dir vorstellst, daß dein Herz eine Glühbirne ist, dann versuche zu sehen, daß Gott und die Engel alle um dich sind. Hast du je deinen Engel gebeten, dir ein bestimmtes Gefühl zu schicken? Bitte einfach darum, dann bekommst du ein Gefühl von deinem Engel. Es ist vielleicht ein Ziehen am kleinen Zeh oder ein warmes Gefühl im Bauch oder ein Kitzeln an deiner Nase oder an der Wange oder am Ohr! Wenn du deinen Körper sorgfältig beobachtest, wirst du etwas spüren! Du kannst darum bitten, es behalten zu dürfen, und dann immer wissen, daß es dein Engel ist, wenn du es spürst! Du kannst immer darum bitten!

Wenn Gott also darauf wartet, daß alle seine Kinder gute Menschen sind, ist er oben im Himmel und dirigiert die Engel, sagt ihnen, wohin sie gehen, was sie tun und wann sie zurück sein sollen, und sie sagen ihm, was geschehen ist, wie wir unsere Sache gemacht haben und wie alles war. Er sieht sowieso auch immer selbst, wie es uns geht, wie wir uns fühlen, wie wir vorankommen oder nicht. Wir werden immer beobachtet, aber das ist nicht schlimm. Wir sind immer von einer kleinen Engelschar umgeben! Wir sind nie allein! Wir haben immer Hilfe, wir wissen immer, daß wir Hilfe haben, wenn wir sie brauchen. Ansonsten mischen sich die Engel nicht in unser Leben ein. Wir können darum bitten oder Gott schickt uns einen Engel, weil wir darum gebeten haben. Dann geschehen uns wunderbare Dinge. Wir haben viele Situationen erlebt, wo wir sagen konnten, ja, das müssen wohl die Engel gewesen sein! Noch einmal: Ja, das muß wohl ein Engel gewesen sein!

Es ist also wirklich eine wunderbare Sache! Laß sie in dein Leben ein! Laß es geschehen. Es ist etwas, das wir ganz leicht tun können, und es hat eine wundervolle Wirkung auf uns! Es macht uns glücklicher,es macht uns viel liebevoller und gibt uns Energie, Licht und Heilung! Also los, zögere nicht länger herum!

Dies ist das Ende der Botschaft von Saraquell, Gabriel und Gott.

Neunundzwanzigste Botschaft

Diese letzte Botschaft in diesem Buch kommt von Gott, dem Schöpfer des Universums, und ist für alle, die dieses Buch gelesen haben. Sie handelt von *Gottes Liebe zu uns und unserer Liebe für Gott*. Sie handelt davon, ein wunderbarer Mensch wie ein Engel zu sein.

Gott ist ein Wesen, das seine ganze Schöpfung liebt. Seine Schöpfung ist eine grandiose Schöpfung! Seine Schöpfung ist alles, was wir sehen, was wir uns vorstellen, was wir berühren oder hören können; sie ist noch wunderbarer als unsere kühnsten Träume.Es ist eine Schöpfung, die das ganze Universum entwickelt, von unserem Planeten Erde bis zur Milchstraße, bis zu den anderen Planeten, den Sternen, zahllosen anderen Galaxien und selbst in den unendlichen Raum! Gott hat das alles für uns gemacht. Es soll ein Paradies für uns sein, als dessen Teil wir uns fühlen, das wir sehen, hören und an das wir glauben sollen. Er hat auch uns gemacht. Wir sind seine Kinder, und unsere Kinder sind ebenfalls seine Kinder. Er hat die Pflanzen gemacht, die Bäume, die Tiere, die Elemente. Er hat uns nach seinem Bilde geformt. Wir sind alle Teil von Gottes Körper! Wir sind die Zellen in Gottes Körper, werden immer erneuert, sterben, werden geheilt und sind krank. Wir alle sind ein winzig kleiner Teil des Körpers Gottes. Wir sind alle eins, alle Brüder und Schwestern. Wir hängen alle miteinander zusammen. Wir sind alle eine große Familie. Wir sollen alle anderen lieben, so, wie wir unsere eigene Familie lieben. Wir alle sind eine Art riesiger Kommune hier auf der Erde. Wir brauchen Gott, und er braucht uns. Er liebt uns, und wir sollen ihn lieben. Dieses Buch hat von unserer Lebensweise, von unserem Tun in der

Welt gesprochen und auch davon, wie wir eine bessere Welt schaffen können.

Diejenigen von uns, die glauben, *können* ewiges Leben haben. Wir alle können Teil des Paradieses werden. Die Erde kann der Himmel sein, aber nur wenn wir alle glauben. Wir können eine Rasse voller Liebe und Licht, voll Energie und Heilung sein, obwohl wir dann gar keine Heilung mehr brauchen werden, weil niemand mehr krank ist. Niemand wird mehr Sorgen haben, niemand wird mehr von schlechten Energien erfüllt sein, niemand wird Mangel leiden. Es wird eine Harmonie herrschen, die wir uns heute nur ausmalen können. Warum versuchen wir also nicht,voller Licht zu sein? Warum versuchen wir nicht, Teil dieses Paradieses zu sein? Warum versuchen wir nicht, mehr wie die Engel zu sein? Warum versuchen wir nicht, uns – und wenn auch nur ein bißchen – zu ändern?

Gott hätte uns so gerne alle bei sich, denn er ist traurig über jedes seiner Kinder, das einen falschen Weg einschlägt. Die Energie ist da, die gute wie die schlechte, und wir haben den freien Willen, zu wählen. Wir haben den freien Willen, ja oder nein zu sagen.

Gott sendet seine Botschaft an alle, an die ganze Welt und hofft, daß viele sie hören oder lesen und davon Nutzen haben werden. Gott liebt uns alle und möchte uns alle einladen, mit ihm in den Himmel zu kommen!

Gott möchte abschließend einfach jedem von uns sagen, daß wir so gut sind wie die Liebe in unserem Herzen. Je mehr Liebe du in deinem Herzen hast, desto wärmer bist du, desto freundlicher bist du. Je mehr Liebe du hast, umso mehr Gott ist in dir. Nirgendwo sonst kann Gott wohnen – nur in deinem Herzen.

Bitte einen Engel! ♡

Zu den Bildern

Ich habe mich bemüht, auf dem Papier wiederzugeben, was ich während meiner Meditationen, während ich die Botschaften empfing, gesehen habe. Wie jeder, der Engel sieht, weiß, ist es nicht leicht, solche Visionen zu Papier zu bringen. Jede Engelform war sehr stark und leuchtend in den Farben und von einem immensen Strahlen und Glühen. Immer war sie von einem Gefühl tiefsten Friedens und von Wärme begleitet, und jedes Bild hier versucht, dem Betrachter ein Gefühl für die ausgesandte Botschaft zu vermitteln. Es sieht hier so aus, als seien die Engelformen stabil, aber sie bewegten sich ständig. Der Kreis bedeutet, daß sie von Gott geschützt sind und daß diese Bilder Formen sind, die wir hier auf der Erde finden können. Die Farben bedeuten:

Lila = Auflösung
Purpur = Heiligkeit
Gelb = engelhafte Quelle und Kraft
Rosa = Liebe
Weiß = Reinheit und alle Farben zusammen

Erklärungen zu den Bildern

1. Dieses Bild sah ich, als ich die erste Botschaft empfing. Es sind die Engel, alle Engel, Tausende von Engeln, die uns diese Botschaft überbringen! Wir können sie als kleine, helle Lichter sehen, die am Himmel leuchten. Es ist Gottes Wille, daß wir die Botschaft dieser Engel annehmen. Es wird so sein, daß die Engel uns diese Botschaften übermitteln, so daß wir wissen, was wir tun sollen und wie wir es tun können!
2. Dies ist ein Bild von Gabriel, der uns eine Botschaft über den Frieden sendet. Die dreifache Figur in der Mitte des Kreises ist das Symbol der Dreifaltigkeit – der Vater, der Sohn und der Heilige Geist. Gabriel möchte uns sagen, daß wir nur Frieden auf Erden empfangen können, wenn wir eins sind mit der heiligen Dreifaltigkeit. Gabriel sagt, wir müssen lernen, zu vertrauen – jeder von uns.
3. Dieses Bild stellt das Auge Gottes dar, das uns von Gott selbst erzählt. Das Auge ist lila, um seine Heiligkeit anzuzeigen. Es strahlt pulsierende Energie aus und sieht alles, hört alles und ist alles. Wenn wir das Auge Gottes sehen, wissen wir, daß wir gesehen werden, daß nach uns geschaut wird, daß wir beschützt werden. Wir sind alle Gottes Kinder!
4. Diese Botschaft it von Gabriel, dem Erzengel. Sie handelt von Haß, und die Form des Engels ist ganz zackig, denn Haß ist eine sehr mächtige Emotion. Haß überwältigt uns vollkommen. Die Farbe Lila ist die Farbe der Heiligkeit, und die Form zeigt uns, wie Haß sich ausbreiten kann. Haß ist jedoch nur das Gegenteil von Liebe, und wir können ihn überwinden.
5. Diese Botschaft ist von Erzengel Gabriel und geht um Konzentration. Wir müssen lernen, unsere Gedanken fest auf etwas zu konzentrieren. Daher die Form des Engels – konzentrierte Energie. Die Farbe Lila ist wieder die heilige Farbe, Gabriels Farbe. Wenn wir uns konzentrieren,

dann deshalb, um das, was wir tun, gut zu machen – uns der Sache, die wir tun, ganz hinzugeben.

6. Diese Botschaft ist von Gabriel und handelt von Heilung. Es ist eine Engelform und stellt Gabriel dar, der uns wissen läßt, daß er immer da sein wird, um uns zu helfen, wenn wir Heilung brauchen. Wenn wir Hilfe brauchen, bitten wir einfach die Engel.
7. Diese Botschaft ist von Saraquell und handelt von Gier. Das Bild stellt die Form eines Engels dar, mit einem Körper oder einem Mund, der alle Gier der Welt aufsaugen kann, in der Mitte, über und unter ihm. Es ist Saraquells Aufgabe, gierigen Menschen zu helfen. Wenn wir dieses Problem haben, können wir ihn immer um Hilfe bitten. Wenn wir einen Engel brauchen, bitten wir einfach darum!
8. Diese Botschaft ist von Erzengel Gabriel und handelt von Liebe und Brüderlichkeit. Das Bild hat die Form eines Gesichtes, um zu zeigen, daß es sehr wichtig ist, einander zu lieben, ganz gleich, wie der andere aussieht. Wenn wir genug von Gottes Liebe in uns haben, werden wir immer alle lieben, ganz gleich, wer oder was sie sind.
9. Diese Botschaft ist von Gabriel und handelt von Achtung. Die Farben Rosa und Lila stehen für Liebe und Ehre, und auch für Achtung. Wir müssen einander achten, auch wenn manche von uns vollkommen vergessen haben, was das bedeutet. Die Form bedeutet Liebe und Achtung – zwei Herzen übereinander, die eine Art Einheit bilden.
10. Diese Botschaft ist von Gabriel und handelt von Krieg. Der Engel Gabriel erscheint in der Form eines auf den Kopf gestellten Mondes mit einem Ei. Es ist das Symbol des Krieges. Es begab sich, daß der Mond an den Himmel gestellt wurde, um Licht zu geben. Ein Ei erschien und war ein Wesen, ein göttliches Wesen. Als der Mond darauf schien, öffnete es sich. Drinnen war Leben, und dieses Leben war heilig. Es war ein Ei des Friedens, ein Ei, das geliebt werden wollte, geöffnet, angenommen.. Es wird angenommen, wenn man es liebt und in Frieden läßt. Andernfalls

wird es zerstört. Der Mond bedeutet, daß er immer die Form ändert. Viele Monde werden kommen und gehen, bevor wirklicher Frieden kommt, aber er wird kommen!

11. Diese Botschaft ist von Erzengel Michael. Sie handelt vom Nein-Sagen – laut und deutlich! Sie handelt davon, für sich selbst einzutreten, ohne dabei jemanden zu verletzen. Sie handelt davon, ein guter Lichtbringer für andere zu sein und zu wissen, was gut ist und was nicht. Wenn wir das wissen, können wir zu allem Schlechten nein sagen. Die Form ist ganz gezackt, weil sie nein sagen will – zu dem anderen Teil von uns, der ja sagt. Sie bedeutet, daß ja und nein beide gut sind, aber manche von uns müssen lernen, nein zu sagen. Fangen wir also an.
12. Diese Botschaft ist von Gabriel und handelt vom Licht. Das Licht kommt vom Himmel, aus der Elektrizität oder von Menschen. Das Himmelslicht kommt von Sonne und Mond, das elektrische Licht kommt durch ein Kabel aus einer Glühbirne, die man mit einem Schalter anknipst. Das Licht der Menschen kommt von Gott. Es kommt durch die Menschen aufgrund ihres Lichtes, ihrer Energie, ihrer Liebe und ihrer Heilkräfte. Es kommt, um uns allen zu helfen. Es kommt und erhellt unser aller Leben. Manche haben mehr davon, manche weniger, aber es ist genug für uns alle da. Deshalb sollten wir immer darum bitten, wenn wir es brauchen oder wünschen.
13. Diese Botschaft kommt von Michael. Sie handelt von Kreativität – unsere Schöpferkraft für etwas einzusetzen! Sie hat die Form eines Engels, der spiralenförmiges Licht an alle ausstrahlt. Es ist so, daß wir alle Licht von den Engeln empfangen, aber normalerweise ist es uns nicht bewußt. Wenn wir ihre Energie empfangen, benutzen wir sie und wissen es, weil wir uns gut fühlen und die Energie in uns haben. Wir brauchen wirklich alle Energie, die wir bekommen können. Kreativität ist eine sehr komplexe Energie, die die Form vieler, vieler verschiedener Entwicklungen annehmen kann. Sie ist eine ganz wunderbare Energie,

weil wir enger mit den Engeln zusammenarbeiten können, wenn wir sie offen sind.

14. Diese Botschaft kommt von Gott und seinen Engeln. Sie handelt von Gott und seinen Engeln. Die Nummer 6 bedeutet die Weise der heiligen Welt. Gott möchte, daß wir ihn und seine Engel lieben, aber wir sollen seine Engel nicht über ihn stellen. Er ist der alleinige Gott!
15. Diese Botschaft ist von Gabriel und handelt davon, an andere zu denken. Die Form ist der Kreis von Gabriel als Kugel der Anerkennung, die Energie, Licht, Liebe und Heilung an alle aussendet, die betrachtet werden. Gabriel zeigt uns, was wir tun können, um an andere zu denken.
16. Diese Botschaft ist von Erzengel Michael und handelt von Selbstsucht. Es ist die Form eines großen Vogels, der hoch am Himmel fliegt. Es ist das Symbol für Freiheit; wir können frei sein, wenn wir alle Ketten fallen lassen, selbst die Kette der Selbstsucht. Hier geht es darum, anderen zu helfen. Dieser Vogel fliegt und möchte auch einen Platz für sich haben. Er schaut, wo er sich sicher fühlen und ein Zuhause haben kann. Er braucht jemanden oder etwas, der oder das ihn braucht. Michael möchte uns zu verstehen geben, daß da jemand für uns da ist – Gott!
17. Diese Botschaft kommt von Michael und handelt von der Konzentration auf das tägliche Leben. Die Form ist die eines undefinierbaren Geschöpfes, weil jeder von uns, auch die Tiere, seinem täglichen Leben nachgeht und für alles um uns her völlig offen ist. Auch wir sind Geschöpfe Gottes, und auf diesem Planeten sollten wir uns dessen bewußt sein, was wir tun und wie wir es tun. Die Farben stehen für Heiligkeit, Konzentration und Göttlichkeit. Es geht darum, im täglichen Einerlei ein guter Mensch zu sein. Es geht auch darum, wie wir ein Teil des Universums, ein Teil unserer Einheit mit Gott und der heiligen Dreifaltigkeit sein können. Es geht auch um Liebe und Fürsorge und darum, ein wunderbarer Mensch zu sein.
18. Diese Botschaft ist von Gabriel und handelt von Liebe. Die Form ist die eines Mannes oder einer Frau – etwas undefinierbar – aber eher

menschlich! Sie ist deshalb so, weil wir aus Liebe gemacht sind – unser ganzer Kern, alles von uns, ist reine Liebe. Diese Liebe ist es, die uns zu dem macht, was wir sind. Der Kreis über dem Menschen ist die Sonne, der Mond, ein Planet oder ein göttliches Licht. Es gibt uns immer Licht, wenn wir es brauchen oder darum bitten. Es ist wichtig, daß wir diese Liebe in uns haben, denn wenn wir sie nicht hätten, würden wir umkommen. Wir würden untergehen, tiefer, tiefer und tiefer, bis zum Grund, hoffnungslos an die andere Energie verloren! Wir alle wissen, daß Liebe sich bei weitem besser anfühlt als Haß, als Selbstsucht und Neid oder andere negative Gefühle. Hier geht es also darum, Liebe zu geben und auch zu nehmen!

19. Diese Botschaft ist von Michael, dem Erzengel, und allen anderen Engeln.Sie handelt von Fürsorge. Die Form sieht ein wenig unproportioniert oder behindert aus, so, als müßte für sie gesorgt werden. Michael sendet uns Energie in der Form von Spiralen von weißem Licht. Es wäre fantastisch, wenn wir alle für solche bedürftigen Menschen und Tiere sorgen könnten, denn auch sie sind Geschöpfe wie wir. Sie brauchen uns, und wir sollen für sie da sein! Wenn wir für jemanden oder etwas sorgen, dann bekommen wir sehr viel Liebe zurück – Geben und Nehmen sind zwei Regeln des Himmels. Wir brauchen beides! Die Streifen von weißem Licht sind die Brücken, die wir für die Engel bauen, wenn wir für jemanden sorgen. Sie können diese Brücken benutzen, um auch für jemanden zu sorgen, der es braucht.

20. Diese Botschaft ist von Erzengel Michael und handelt vom Bösen. Sie kommt auch in Liebe von den anderen Engeln, insbesondere Gabriel, der der große purpurfarbene Punkt auf diesem Bild ist. Die Botschaft handelt von allen Formen des Bösen und auch vom Gegenteil, der Liebe, und ist ein Gesicht Michaels, der uns sehen lassen möchte, daß die böse Seite von uns immer unsere falsche Seite ist. Wir sind in unserem tiefsten Inneren aus Liebe gemacht, und wir können diese Liebe, die das Böse

immer besiegt, in unserem Inneren finden, wenn wir darauf vertrauen, daß Gott und seine Engel uns helfen. Wir werden nie jemand anderen als Gott brauchen, um diese schlechte Energie zu besiegen. Das Gesicht ist mehr oder weniger das eines lustigen Clowns, der uns sagt, daß Lachen wirklich gut für uns ist! Böse Menschen lächeln nicht so oft wie Menschen, die voller Liebe sind!

21. Diese Botschaft ist von Erzengel Michael und handelt vom Geben und Nehmen von Energie. Die Form ist die eines energiegeladenen Hauses, das eingesteckt werden kann – ein Symbol für Energie, sei es elektrische, Gas, Sonnenenergie oder was auch immer – auch Gottes Energie läßt sich „auffüllen" und kann in Hülle und Fülle genommen und anderen gegeben werden, die sie brauchen. Sie kann die ganze Welt erleuchten. Sie ist bei Tag und bei Nacht zu sehen. Sie ist die beste Energie für uns!

22. Diese Botschaft kommt von Gott und Saraquell und handelt von Neid, Mißbrauch und Haß. Die Form ist das Auge Gottes mit einem damit verbundenen Teil, der Saraquell ist. Er ist mit Gottes Auge verbunden, um zu zeigen, daß es einen Teil von Gott geben kann, der auch ein Teil von uns ist. Wenn wir ein Stadium im Leben erreichen, wo wir erkennen, daß wir Hilfe brauchen, dann sehen wir mit Gottes Hilfe auch, wo wir fehlgegangen sind. Wenn wir also wissen, was wir falsch machen, können wir uns ändern. Auf diese Weise werden wir sehr viel besser und haben viel mehr Energie, und auch viel mehr Liebe und viel mehr Licht!

23. Diese Botschaft ist von Gott und all seinen Engeln. Er möchte uns sagen, warum wir voller Liebe sein, mehr Energie haben und uns von unseren schlechten Energien und unserer Wut befreien sollen. Die Form ist die eines Wirbelwindes, der versucht, unser Leben zu verwüsten, und die Engel sind alle um Gott herum. Gott ist in der Mitte dieses Wirbelwindes. Er ist das Auge, das auf alles schaut und sieht, was er tun kann oder nicht. Er liebt uns alle und möchte uns näher bei sich haben.

24. Diese Botschaft ist von Gott. Sie handelt von einem und nur einem Gott. Diese Form ist ein Bild von Gott selbst in seiner Ähnlichkeit mit den Menschen. Es ist die Form eines Menschen, Mann oder Frau, denn Gott ist beides. Gott ist der Schöpfer, derjenige, der für uns sorgt, der weiß, was wir brauchen und was wir wollen, und der uns gibt, was uns guttut. Wir brauchen keinen anderen Gott an seiner Stelle. Gott hat das verboten und weiß, daß wir es verstehen, wenn wir ihn gut kennen.
25. Diese Botschaft ist von Michael und handelt von Frieden. Sie hat die Form von zwei Eiern in einem Kreis. Dieses Ei ist das Symbol des Friedens, denn es ist sehr zerbrechlich. Frieden auf Erden ist möglich, wenn es genügend Menschen auf der Erde gibt, die genug lieben können. Dann werden wir kein Bedürfnis mehr haben zu kämpfen. Wir können einander schneller vergeben und können Frieden und Glück finden. Liebe ist stärker als Haß, Liebe ist die einzige wirkliche Waffe, die wir haben, um den Krieg zu besiegen. Wir sollen versuchen, sie zu benutzen, und wir werden sehr viel glücklicher sein und Gott sehr viel näher.
26. Diese Botschaft ist von Michael und handelt davon, göttlich zu sein. Die Form ist die eines Kreuzes in ausgewogener Form (Yin/Yang) oder schwarz/weiß oder negativ und positiv. Sie bedeutet, daß wir, wenn wir in Einklang mit Gott sind, auch in Einklang mit uns selbst, mit der Natur und dem gesamten Universum sind. Wir wissen, daß wir dann inneren Frieden und innere Harmonie haben und gute, glückliche Menschen sein können!
27. Diese Botschaft ist von Saraquell, Gabriel und Michael und handelt von Haß und Boshaftigkeit. Wir müssen uns von diesen Gefühlen befreien, denn sie zerstören uns. Die Form stellt Energie dar – das Loslassen schlechter Energie und den Gewinn guter Energie. Wir sind in der Lage dazu und wissen, daß wir es tun müssen, um Gott näher zu sein!
28. Diese Botschaft ist von Saraquell, Gabriel und Gott und handelt davon, wie ein Engel zu sein. Die Form ist die eines Engels, denn das ist die

beste Art, engelhaftes Sein zu beschreiben. Wir wissen immer, warum wir wie Engel sein sollten, nämlich weil die Engel hilfreich sind, rein, friedlich, in Harmonie mit Gott, der Natur und sich selbst, frei von Sorgen und voller Liebe, Licht, Energie und Heilung.

29. Diese Botschaft, die letzte; sie kommt von Gott und handelt davon, danach zu streben, ein guter Mensch zu sein. Wir sollten immer voller Liebe, Licht, Energie und Heilung sein und uns immer der Tatsache bewußt, daß Gott uns liebt, daß er mit uns ist und daß er seine Engel hat, die uns bei allem, was wir tun, helfen. Wir können immer durch Gott einen Engel bitten, uns zu helfen, ganz gleich, wofür wir Hilfe brauchen. Es ist immer möglich – bitte einfach darum!

1

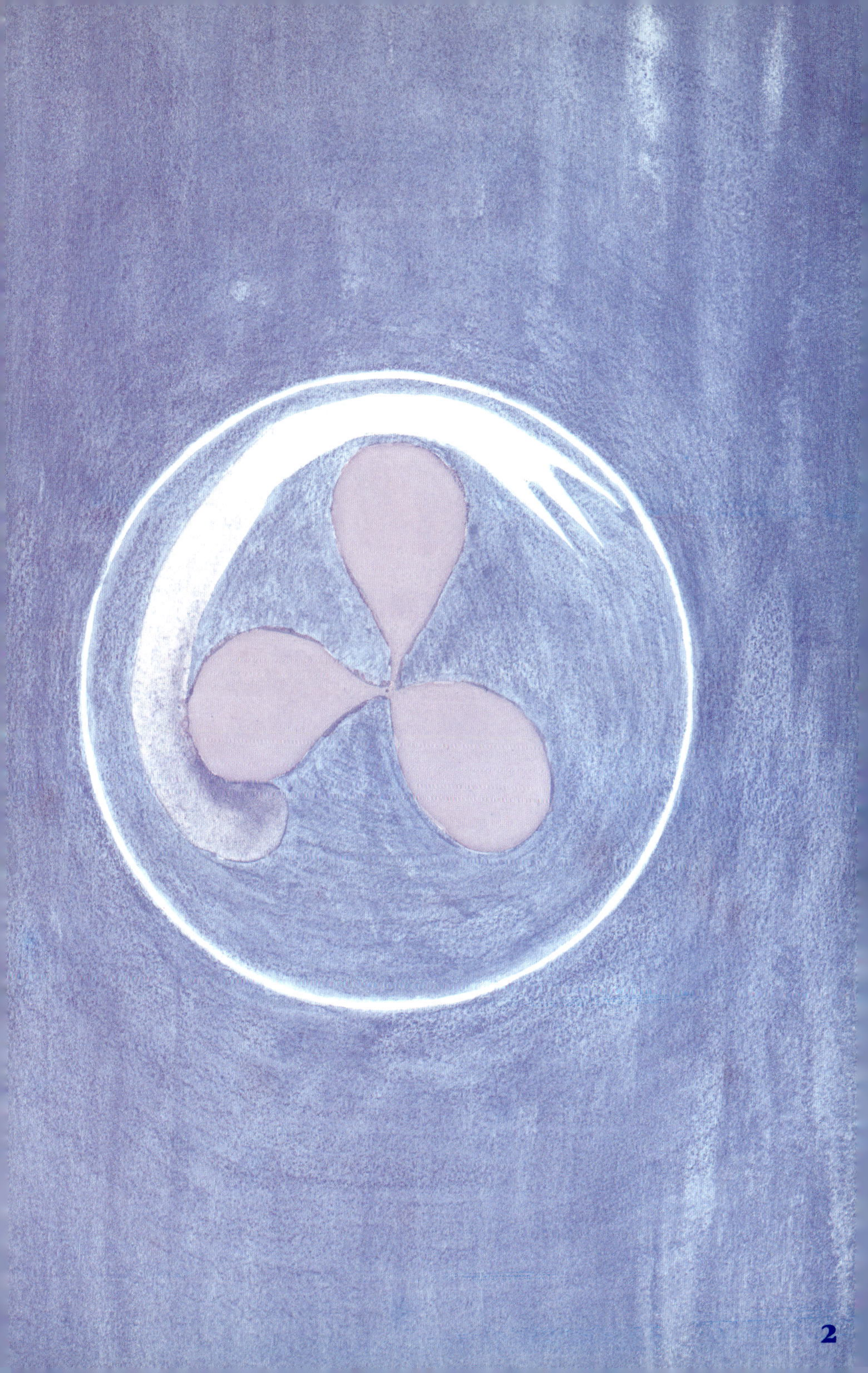

4

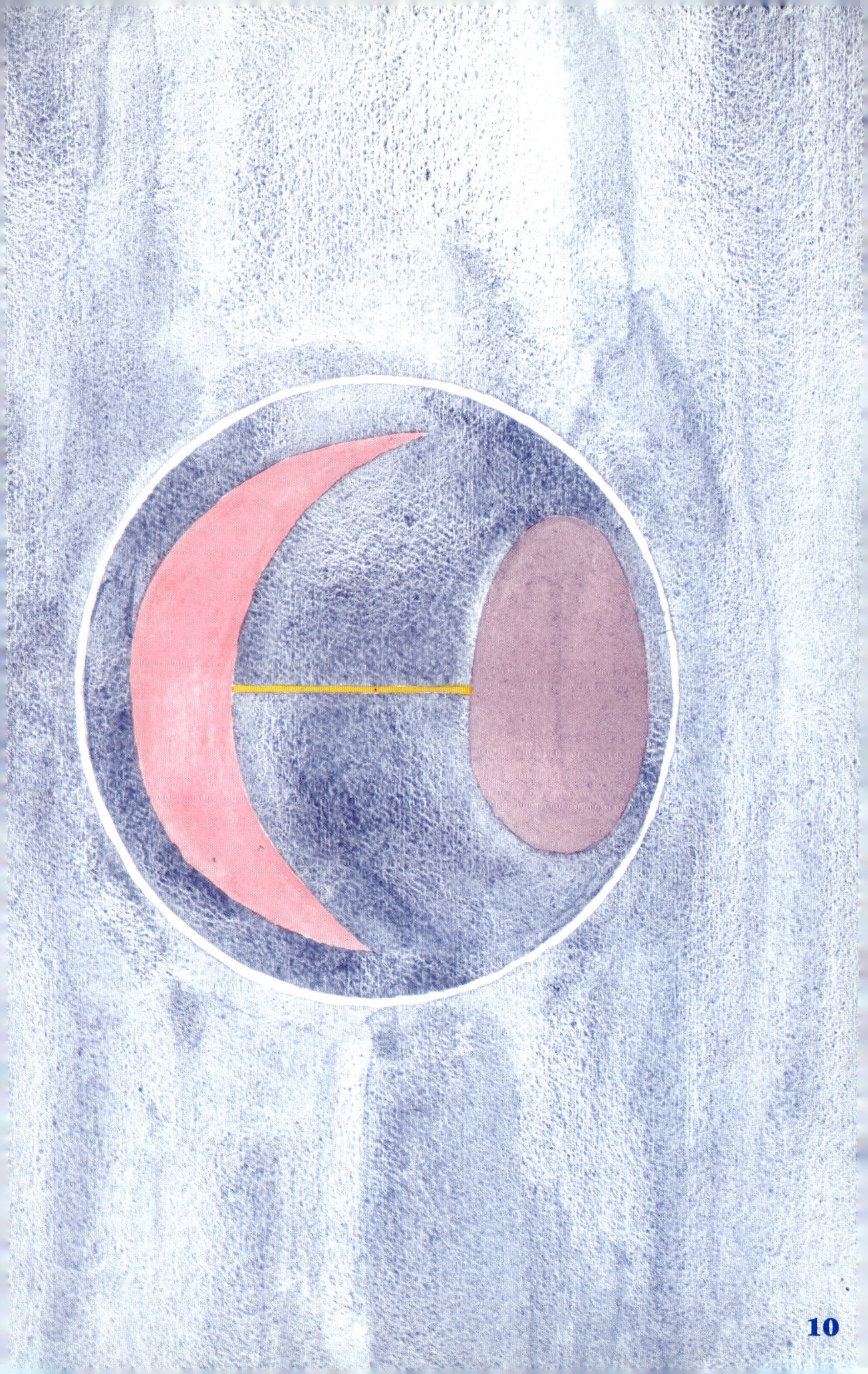

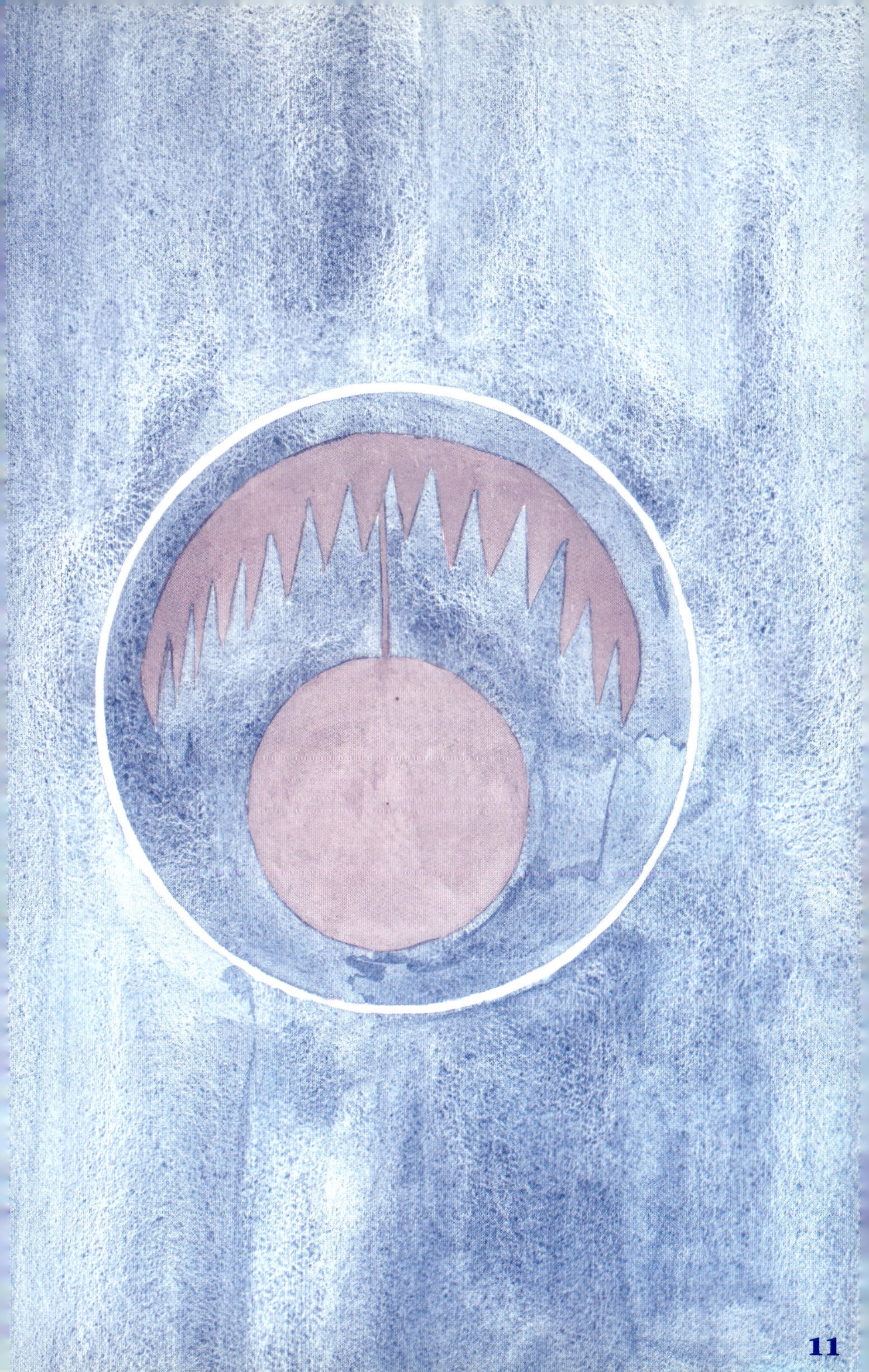